KB252754

당신이
궁금해 하는
증여세의 모든 것

당신이 궁금해 하는 증여세의 모든 것

2026년 3월 3일 초판 인쇄
2026년 3월 9일 초판 발행

지 은 이	김영일, 문정현
발 행 인	오연관
발 행 처	삼일피더블유씨솔루션
등 록 번 호	1995.6.26. 제3-633호
주 소	서울특별시 용산구 한강대로 273 용산빌딩 4층
전 화	02)3489-3100
팩 스	02)3489-3141
가 격	27,000원

ISBN 979-11-6784-502-3   03320

당신이 궁금해 하는 증여세의 모든 것

김영일 · 문정현 지음

SAMIL | 삼일인포마인

머리말

　저희는 세무 현장에서 만난 수많은 분들의 다양한 고민을 접하며, "세무전문가가 아닌 일반 독자들도 쉽게 이해할 수 있는 증여세 안내서가 필요하다."는 확신으로 이 책을 집필하게 되었습니다. 이 책의 내용은 다음 세 가지 사항에 집중하여 구성하였습니다.

　먼저, 일반 독자들의 시선에서 묻고 답했습니다. 일상생활에서 흔히 마주할 법한 구체적인 상황을 중심으로, 증여세가 어떻게 작용하는지를 알기 쉽게 풀어냈습니다. 현장에서 자주 받았던 질문들에 대해 상세하고 친절한 답변을 담아, 독자들이 자연스럽게 내용을 이해할 수 있도록 구성하였습니다.

　다음으로, "선택과 집중"을 택하여 실용성을 높였습니다. 이 책은 세무전문가를 위한 실무 지침서가 아닙니다. 따라서 일상에서 마주하기 어려운 복잡하고 특수한 사례는 과감히 덜어내고, 누구나 마주할 수 있는 대표적인 사례들을 중심으로 다루어 현실적인 도움을 줄 수 있도록 구성하였습니다.

　마지막으로, 증여세의 전체 내용을 하나의 흐름 속에서 다루었습니다. 즉, 증여의 기본 개념과 용어정리부터 최종 신고 및 납부 단계에 이르기까지, 증여세의 전 과정을 유기적으로 연결하였습니다. 특정 부분과

단편적인 정보를 다루는 것이 아닌, 증여세의 모든 내용을 다뤄 증여세라는 제도의 전체적인 구조를 이해할 수 있도록 구성하였습니다.

이 책이 증여에 관심이 있는 일반 독자들도 증여 관련 세금을 이해하는 데 조금이나마 도움이 되길 바라며, 올바른 방향을 제시하는 믿음직한 길잡이가 되기를 진심으로 바랍니다.

2026년 3월
저자 일동

"이 책을 세상에 내놓기까지, 끝없는 격려와 사랑으로 힘이 되어준 아내와 언제나 기쁨을 주고 아빠를 견뎌준 우리 딸들에게 감사와 사랑을 전합니다."

- 김영일 -

"어려운 순간마다 한결같은 믿음과 따뜻한 응원으로 제 곁을 지켜준 사랑하는 아내와 가족들에게 깊은 감사의 마음을 전합니다."

- 문정현 -

목차

PART 3 증여 추정과 증여 의제

PART 4 비과세되는 증여재산과 증여세 과세가액

PART 5 증여재산공제와 증여세율

PART 6 증여재산의 평가방법

목차

부록

증여세 용어정리와 과세대상

국세청 출신 세무사가 쉽게 알려드립니다.
당신이 궁금해 하는 증여세의 모든 것

"증여"란 무엇을 말하는 건가요?

상황

A는 20년 동안 한 회사에서 근무한 직장인이다. 최근에 직장 동료와 대화를 나누던 중 "자녀에게 돈을 증여했고 세금 신고 절차가 생각보다 복잡하다"는 이야기를 들었다. "증여"가 뭐기에 세금 신고를 해야 하는 건지 궁금증이 생겼다.

Q 요즘 주변에서 누군가가 증여를 했다거나 증여를 받았다는 이야기를 자주 듣습니다. 여기서 말하는 "증여"란 무엇을 의미하는 건가요?

A "증여"란 그 행위 또는 거래의 명칭 등과 관계없이 **타인에게 무상으로 재산 등을 이전하는 것**을 말합니다.

"증여"의 개념은?

"증여"는 쉽게 말해서 재산 등을 공짜로 주는 행위를 말합니다. 예를 들어서 부모가 자식에게 아무 이유 없이 계좌이체로 돈을 입금해 준다면 이는 곧 "증여"에 해당하는 것입니다.

👆 세법에서 말하는 "증여"의 개념은?

「상속세 및 증여세법」에서 "증여"란 그 행위 또는 거래의 명칭·형식·목적 등과 관계없이 직접 또는 간접적인 방법으로 타인에게 **무상으로** 유형·무형의 **재산 또는 이익을 이전**(현저히 낮은 대가를 받고 이전하는 경우를 포함한다)하거나 **타인의 재산가치를 증가시키는 것을** 말한다고 정의하고 있습니다.

이렇게 세법에서 말하는 "증여"라는 행위에는 ① 재산의 무상 이전이라는 일반적인 경우뿐만 아니라, ② 실질적으로 무상 이전의 효과가 발생하는 의도적인 저가 거래와 기여에 의한 타인의 재산가치를 증가시키는 행위도 포함됩니다.

👆 민법에서 말하는 "증여"와의 차이는?

「민법」에서는 "증여란 당사자 일방이 무상으로 재산을 상대방에 수여하는 의사를 표시하고 상대방이 이를 승낙함으로써 그 효력이 생기는 일종의 계약"으로 정의합니다. 따라서 「민법」에 따른 증여는 경제적인 실질보다는 당사자들의 의사를 중시합니다.

하지만 「상속세 및 증여세법」에서 말하는 "증여"는 「민법」상 증여의 개념에는 해당되지 않더라도 경제적 실질이 재산의 무상 이전과 같은 효과가 발생하는 경우도 증여로 보게 됩니다. 즉 **「상속세 및 증여세법」에서의 증여 개념은 「민법」에서의 증여 개념보다 훨씬 더 넓은 의미를 가지고 있습니다.**

관련 법령 등

「상속세 및 증여세법」 제2조 제6호, 「민법」 제554조

"증여"와 관련한 세금을 이해하기 위해 꼭 알아야 할 용어들은 무엇이 있을까요?

👆 상황

> A는 최근에 부모로부터 재산을 증여받게 되었고, 주변 지인의 말을 들어보니 증여세라는 세금을 내야 할 수도 있으니 세무사 상담을 받아보라고 한다. 그래서 조만간 세무사 사무실을 찾아갈 생각인데, 미리 증여와 관련한 용어를 알아보려고 한다.

Q 증여에 관한 세금을 이해하기 위해서 꼭 알아야 할 용어들은 뭐가 있나요?

A 증여세를 이해하기 위해서는 **"증여재산", "거주자" 및 "수증자" 등의 용어가 어떤 의미인지**를 정확히 이해해야 합니다.

👆 "증여세"란?

"증여세"란 타인으로부터 재산을 증여받은 경우에 **그 재산을 증여받은 자가 부담하는 세금**을 말합니다. 즉 부모가 자녀에게 계좌이체로 현금을 증여한 경우에 현금을 증여받은 자녀가 부담하는 세금이 바로 "증여세"입니다.

증여세를 이해하기 위해 알아야 할 기초 용어는?

증여세가 어떤 세금인지를 이해하기 위해서는 가장 기본이 되는 몇 가지 용어들을 알아야 합니다.

① **먼저 "증여재산"의 의미를 알아야 합니다. "증여재산"이란 증여로 인하여 수증자에게 귀속되는 모든 재산 또는 이익을 말하며** 금전으로 환산할 수 있는 경제적 가치가 있는 모든 물건, 재산적 가치가 있는 법률상 또는 사실상의 모든 권리, 금전으로 환산할 수 있는 모든 경제적 이익을 포함합니다. 따라서 이러한 "증여재산"을 무상으로 취득하는 경우 증여세가 부과될 수 있습니다.

② **그러면 여기서 "수증자"란 무엇을 의미할까요?** 쉽게 말해서 **증여재산을 받는 자를 "수증자"라고 합니다. 반대로 증여하는 자는 "증여자"라고 합니다.** 예를 들어 부모가 자녀에게 금전을 증여한다고 할 때, 부모는 증여자가 되고 자녀는 수증자가 됩니다.

③ **또한 "거주자"와 "비거주자"에 대해서도 알아야 합니다.** 왜냐하면 수증자가 "거주자"인지 또는 "비거주자"인지에 따라 증여세 과세범위와 계산방법에 차이가 발생하기 때문입니다. 여기서 **"거주자"란 국내에 주소를 두거나 183일 이상 거소(居所)를 둔 사람**을 말합니다. 예를 들어 한국에서 가족과 함께 생활하며, 직장생활이나 사업 등 경제활동도 한국에서 하고 있는 사람이라면 거주자에 해당합니다. 반대로 **"비거주자"란 거주자가 아닌 사람**을 말합니다. 예를 들어서 해외로 이주

해서 한국에서 살고 있지 않고, 한국에 생계를 같이 하는 가족도 없고 재산도 없는 사람이라면 비거주자에 해당합니다.

④ 그렇다면 증여세를 신고·납부해야 하는 사람은 누구일까요? 원칙적으로 "수증자"가 증여세를 신고·납부해야 합니다. 이렇게 증여세를 신고·납부할 의무가 있는 사람을 "납세의무자"라고 합니다. 따라서 증여세의 납세의무자는 원칙적으로 "수증자"이지만, 예외적으로 증여자를 납세의무자로 보는 경우도 있습니다.

👆 증여세와 관련해 자주 헷갈리는 용어는?

"증여"에 대해서 이야기할 때 "상속"과 혼동하는 경우가 많습니다. "증여"와 "상속" 모두 재산이 무상으로 타인에게 이전된다는 점에서는 동일하지만, **"증여"는 그 무상 이전의 사건이 생전에 발생하는 것이고 "상속"은 사망으로 인하여 발생한다는 점에서 차이가 있습니다.** 또한 "상속"에 부과되는 상속세와 "증여"에 부과되는 증여세는 세금의 부과 및 계산 방식에 있어서 큰 차이가 있으니 반드시 그 의미를 구분해서 사용해야 합니다.

구분	증여	상속
부의 이전 형태	무상 이전	
원인	생전, 계약	사망
주는 사람	증여자	피상속인
받는 사람	수증자	상속인 등

관련 법령 등

「상속세 및 증여세법」 제2조, 「상속세 및 증여세법」 제4조의2

03 수증자가 내야 할 증여세를 증여자가 대신 내줘도 될까요?

상황

A는 자녀인 B에게 현금을 증여했고, 이에 대한 증여세가 1천만 원 발생했다. 자녀 B는 오래전 한국을 떠나 캐나다에 이민하여 살고 있고, 현재 캐나다에서 사업을 하면서 가족들과 지내고 있다.

Q 증여자가 증여세를 대신 내줘도 되나요?

A 증여세는 수증자가 내는 것이 원칙이기 때문에 증여자가 대신 납부할 경우 해당 대납액만큼 재차증여가 발생한 것으로 보아 추가 증여세가 발생합니다. **다만, 수증자가 비거주자인 경우에는 증여자가 대신 증여세를 내줘도 상관없습니다.** 왜냐하면 이 경우 증여자에게 연대납세의무가 발생하기 때문입니다.

증여세는 누가 내야 할까?

증여세를 신고하고 납부해야 하는 납세의무자는 원칙적으로 수증자입니다. 따라서 **재산 등을 무상으로 받은 "수증자"는 본인의 자력으로**

증여세를 납부하는 것이 원칙이고, 수증자 이외의 타인이 이를 대신 내주는 경우에는 일종의 현금 증여를 받은 것으로 보아 재차 증여세가 부과됩니다.

하지만 예외적으로 수증자가 납부할 증여세를 타인인 **"증여자"가 연대하여 납부할 의무가 있는 경우**가 있는데, 이를 "연대납세의무"라고 합니다. 이렇게 "연대납세의무"가 있는 증여자가 수증자의 증여세를 대신 납부하면 이는 **증여자 본인의 납부의무를 이행한 것이므로 해당 대납액만큼은 추가적인 증여로 보지 않습니다.**

👆 "연대납세의무"의 개념은?

연대납세의무는 일종의 연대채무로서, 여러 명의 납세의무자가 조세채무 전부를 각자 이행할 의무가 있고 납세의무자 1인의 이행으로 다른 납세의무자도 그 의무를 면하게 되는 것을 말합니다.

즉 증여세의 연대납세의무는 수증자와 증여자 각자가 증여세액에 대해 납부할 의무가 있고, 이 중 1인이 증여세액을 납부하면 다른 1인은 증여세액을 납부할 의무가 없어지는 것입니다. 따라서 증여자가 연대납세의무를 이행한 경우, 이는 세법상 정해진 납부의무를 성실히 이행한 것이므로 수증자에게 별도의 무상이익을 준 것으로 보지 않습니다.

👆 증여자에게 연대납세의무를 부담하게 하는 경우는?

① 수증자의 주소나 거소가 분명하지 아니한 경우로서 조세채권을

확보하기 어려운 경우, ② 수증자가 증여세를 납부할 능력이 없다고 인정되는 경우로서 강제징수를 하여도 증여세에 대한 조세채권을 확보하기 곤란한 경우, ③ **수증자가 비거주자인 경우에는 증여자는 수증자와 함께 증여세를 연대하여 납부할 의무를 지게 됩니다.**

실제로 해외에 거주 중인 자녀 등에게 증여하는 경우 위의 ③의 경우에 해당하여 증여자가 연대납세의무를 부담하는 상황이 자주 발생합니다. 이렇게 증여자에게 연대납세의무를 부여한 취지는 과세당국 입장에서 해외에 거주 중인 수증자를 상대로 조세채권 확보를 위한 과세행정을 실시하고 관리하기가 어렵기 때문에 이를 보완하기 위해 증여자에게 연대납세의무를 부여하는 것입니다.

관련 법령 등

「상속세 및 증여세법」 제4조의2 제6항

서면-2020-법령해석재산-5328, 2021.12.10.

질의 거주자가 비거주자에게 국내재산을 증여하고 세무서장으로부터 연대납세의무 통지를 받기 전에 수증자(비거주자)의 증여세를 대신 납부한 경우, 거주자가 대신 납부한 증여세가 증여재산인지 여부

회신 거주자가 비거주자인 수증자에게 국내에 있는 재산을 증여하고 세무서장으로부터 연대납세의무 통지를 받기 전에 수증자가 납부하여야 할 증여세를 납부한 경우, 증여자가 납부한 증여세는 증여재산에 해당하지 아니하는 것임.

04

해외에 있는 재산을 증여받아도 국내에서 증여세를 내야 하나요?

🖐 상황

> A는 미국은행 계좌에 있는 돈을 자녀인 B 명의의 미국은행 계좌로 이체하여 증여하였다. B는 현재 국내에서 생활하고 있는 거주자이다.

Q 국내 거주자인 수증자가 해외재산을 증여받은 경우에도 증여세를 내야 하나요?

A 맞습니다. 왜냐하면 **수증자가 거주자인 경우에는 국내 및 국외의 모든 증여재산에 대해서 증여세가 부과되기** 때문입니다.

🖐 수증자가 거주자인지 여부에 따라 증여세를 과세하는 범위가 다르다?

증여일 현재 수증자가 거주자인지 비거주자인지 여부에 따라 증여세의 과세범위가 달라집니다.

먼저 "수증자"가 국내에 주소 등을 두고 생활하는 거주자인 경우에는 국내·외 모든 증여재산에 대하여 증여세가 과세됩니다. 따라서 재산의 소재지가 국내인지 국외인지에 상관없이 증여받은 모든 재산에 대하여 증여세가 부과되는 것입니다.

반면에 "수증자"가 비거주자인 경우에는 국내에 있는 증여재산에 대하여만 증여세가 부과되고, 국외에 있는 증여재산에 대해서는 증여세를 부과하지 않는 것이 원칙입니다. 다만 거주자인 증여자로부터 국외에 있는 증여재산을 증여받는 경우에는 예외적으로 증여세가 부과될 수도 있습니다.

👆 비거주자인 수증자가 거주자인 증여자로부터 국외에 있는 재산을 증여받으면 항상 증여세가 부과될까?

거주자인 증여자가 비거주자인 수증자에게 국외에 있는 재산을 증여한 경우에는 증여세가 부과되고, 이 경우 해당 증여세를 납부해야 할 납부의무자는 증여자입니다. 즉, 일반적으로 증여세는 수증자가 내는 것이 원칙이지만 거주자인 증여자가 비거주자인 수증자에게 국외재산을 증여한 경우에는 예외적으로 증여자가 내야 하는 것입니다.

하지만 ① 증여자와 수증자가 특수관계인[1]이 아니고, ② 해당 증여재산에 대하여 외국의 법령에 따라 증여세가 부과되었다면 국내에서 증여세를 납부해야 할 의무는 면제됩니다.

---

1) "특수관계인"이란 4촌 이내의 혈족, 3촌 이내의 인척, 배우자 등을 말함.

👆 증여세 과세대상과 납세의무자를 정리하면?

증여세를 부과하는 대상과 증여세의 납세의무자는 ① 증여자·수증자가 거주자인지 또는 비거주자인지 여부, ② 증여재산의 소재지가 국내인지 또는 국외인지 여부 등에 따라 달라지는데, 이를 정리하면 아래의 표와 같습니다.

증여자	수증자	과세대상	납세의무자
거주자	거주자	국내·외 재산	수증자
	비거주자	국내 재산	수증자
		국외 재산[2]	증여자
비거주자	거주자	국내·외 재산	수증자
	비거주자	국내 재산	수증자

👆 관련 법령 등

「상속세 및 증여세법」 제4조의2 제1항, 「상속세 및 증여세법」 제5조, 「국제조세조정에 관한 법률」 제35조

---

2) 다만, 특수관계 없는 자 간의 증여이면서 외국에서 증여세가 부과된 경우에는 증여세를 면제함.

05

증여를 받았다가 다시 반환했는데, 이 경우에도 증여세를 내야 할까요?

상황

> A는 B로부터 재산을 증여받았는데, 당사자 간의 합의에 따라 증여받은 재산을 다시 B에게 반환하였다. 그래서 실제로 A가 증여받은 재산은 없는데, 주변 지인이 말로는 증여세를 신고해야 한다는 이야기를 들었다.

Q 증여받은 재산을 다시 증여자에게 반환했습니다. 이 경우에도 증여세는 내야 하나요?

A 증여재산이 무엇인지, 증여재산을 반환하는 시점이 언제인지 등에 따라 증여세가 과세될 수도 있고 아닐 수도 있습니다.

반환시점에 따라 증여세 과세여부가 달라진다?

증여한 이후 여러 사정에 따라 증여를 취소하려는 경우가 있습니다. 이때 증여재산을 최초로 증여했을 때와 다시 반환했을 때, 각각의 증여세 부과 여부는 언제 반환했느냐에 따라 달라집니다.

① 수증자가 증여재산을 당사자 간의 합의에 따라 증여세 과세표준 신고기한까지 증여자에게 반환하는 경우에는 처음부터 증여가 없었던 것으로 보아 최초 증여한 것과 반환하는 것에 대해서 증여세를 부과하지 않습니다.

여기서 증여세 과세표준 신고기한이라 함은 증여일이 속한 달의 말일부터 3개월 이내를 말하는데, 예를 들어서 2월 10일에 증여한 경우에는 5월 말일까지를 말합니다. 따라서 증여세 없이 반환할 생각이라면 이 기한 이내에 반환해야 합니다.

② 만약 그 기한을 넘겨서 반환한다면 어떻게 될까요? **증여세 과세표준 신고기한이 지난 후 3개월 이내에 증여재산을 반환할 경우 최초 증여한 것은 증여세가 부과되고, 반환하는 것에 대해서는 증여세를 부과하지 않습니다.**

예를 들어서 2월 10일에 증여한 경우에는 5월 말일까지가 증여세 과세표준 신고기한이 되고, 여기서 다시 3개월을 더하면 8월 말일이 됩니다. 따라서 증여세 신고기한이 지난 후 8월 말일 이내에 증여재산을 반환할 경우, 당초 증여했던 부분에 대해서는 증여세가 과세되지만 반환하는 부분에 대해서는 증여세를 부과하지 않습니다.

기한 내 반환했더라도 증여세가 부과되는 경우도 있다?

증여받은 재산이 "금전"인 경우에는 기한 내에 반환하더라도 최초 증여한 것과 반환하는 것에 대해서 증여세를 부과합니다. "금전"은 재화의 교환수단으로서 그 특성상 대상 목적물이 특정되지 않아, 현실적으로 당초 증여받은 금전과 동일한 금전의 반환인지의 여부를 확인하기 어렵기 때문에 증여 취소의 효과를 인정하지 않습니다.

또한 금전 외의 재산을 증여했더라도, **해당 증여재산을 반환하기 전에 이미 과세관청에서 최초 증여한 것에 대한 과세표준과 세액을 결정한 경우에는** 증여 취소의 효과를 인정하지 않습니다.

증여 후 반환할 경우 증여세가 과세되는지 여부를 정리하면?

이미 증여한 것과 반환하는 것에 대하여 증여세를 부과할지는 **증여재산의 종류와 반환시기에 따라 다릅니다.** 이를 정리하면 아래 표와 같습니다.

재산구분	반환시기	최초 증여분	반환 증여분
금전	시기 불문	과세	과세
금전 외 재산	증여세 신고기한 이내	과세제외	과세제외
	신고기한 경과 후 3개월 이내	과세	과세제외
	신고기한 경과 후 3개월 경과	과세	과세
	증여재산 반환 전 증여세가 결정된 경우	과세	과세

「상속세 및 증여세법」 제4조 제4항, 집행기준 4-0-4

06

증여받은 재산 중 일부만 반환해도 증여세가 면제되나요?

🖐 상황

A는 B에게 주식 100주를 증여받고, 증여받은 주식 중 일부인 50주만 증여세 신고기한까지 다시 B에게 반환하였다.

Q 증여받은 재산 중 일부만 반환해도 증여세를 면제받을 수 있나요?

A 금전이 아닌 재산을 증여받고 증여세 신고기한 이내에 **일부만 반환해도, 그 반환한 부분에 대한 증여세는 부과하지 않습니다.**

🖐 증여세를 면제받기 위해서는 증여받은 재산 전부를 반환해야 한다?

증여를 받고 증여세 신고기한 이내에 반환하면 처음부터 증여가 없었던 것으로 보아 증여세를 부과하지 않는데, 이때 최초로 증여받은 증여재산 "전부를" 반환해야 하는 것은 아닙니다. 따라서 증여받은 재산 중 일부만 기한 내에 반환한다면, 해당 반환한 부분에 대해서는 최초 증여한 것과 반환한 것에 대해서 증여세를 부과하지 않습니다.

✋ 증여받은 재산이 아닌 다른 재산을 반환해도 될까?

적법한 증여재산의 반환으로 인정되기 위해서는 당초 증여받은 재산을 반환해야 합니다. **만약 당초 증여받은 재산이 아닌 다른 재산을 반환한다면 이는 서로 다른 물건을 각각 증여한 것으로 보게 됩니다.** 예를 들어서 당초 증여받은 주식은 A주식인데 이 A주식을 팔고 새롭게 B주식을 매수해서 해당 B주식을 반환한다면, 이는 당초 증여받은 재산이 아닌 다른 재산을 반환한 것이므로 증여 취소의 효과를 인정받을 수 없습니다.

✋ 관련 법령 등

「상속세 및 증여세법」 제4조 제4항

서면-2023-상속증여-2319, 2024.03.07.

> 회신 수증자가 증여받은 재산(금전 제외)의 일부를 당사자간의 합의에 의하여 증여세 과세표준 신고기한 이내에 증여자에게 다시 증여하는 경우도 반환한 것으로 보아 처음부터 증여가 없었던 것으로 보는 것임.

회신 현금을 증여받은 아들이 그 현금으로 취득한 주식을 부친 명의로 소유권 이전하는 경우에는 증여재산의 반환에 해당하지 아니하여 증여세가 과세되는 것임.

07

법정상속 비율을 초과하여 상속재산을 취득했다면, 그 초과로 취득한 재산에 대해서는 증여세가 부과되나요?

상황

A가 사망함에 따라 그의 배우자인 B와 자녀인 C가 재산을 상속받게 되었다. 이때 「민법」에서 정한 법정상속 비율은 B가 60%, C가 40%지만, B와 C는 협의를 통해 C가 전부 상속받기로 하였다.

Q 최초로 협의분할 할 때, 특정 상속인이 「민법」상의 법정상속 비율보다 많은 재산을 상속받으면 그 상속인에게 증여세가 추가로 부과되나요?

A **증여세는 부과되지 않습니다.** 상속인들이 최초의 협의분할을 통해 자유롭게 상속재산을 분배할 수 있고, 그 결과로 특정상속인이 법정상속 비율보다 많은 재산을 상속받더라도 이는 적법한 상속재산이 분배이기 때문에 추가로 증여세를 부과하지 않습니다.

👆 상속재산을 분할하는 방법은?

상속이 개시되면 피상속인(고인)의 재산은 일단 상속인들의 공동소유가 되고, 이렇게 공동소유한 상속재산을 각 상속인의 단독소유로 귀속시키기 위해서는 상속재산의 분할이 필요합니다.

「민법」에서는 상속재산을 분할하는 방법으로 ① 유언이 있는 경우 그 유언에 따라 분할하고, ② **유언이 없는 경우에는 상속인들끼리 협의를 통해 분할하며,** ③ 상속인들끼리 협의가 되지 않을 경우에는 상속재산분할심판 청구를 통해 법원의 결정에 따라 분할하게 됩니다. 대부분 상속인들의 협의를 통해 상속재산을 분할하게 되는데, 이때 원활한 합의를 위해서는 상속인들 간의 상속 비율을 어떻게 할 것인지 충분한 논의가 필요합니다.

👆 상속재산은 반드시 법정상속 비율대로 분할해야 할까?

상속재산에 대한 협의분할을 할 때 반드시 「민법」에서 정한 법정상속비율대로 분할해야 하는 것은 아닙니다. 따라서 특정 상속인이 전부 상속을 받아도 되고, 상속인들끼리 균등하게 받아도 되는 등 그 비율을 협의로 정하기만 하면 되는 것입니다.

이때 **최초의 협의를 통해 정한 상속 비율대로 상속재산을 분할한 경우에는 적법한 절차를 통해 상속재산을 취득한 것으로 보아 증여세를 부과하지 않습니다.** 즉 최초로 상속재산을 협의분할해서 결과적으로

각 상속인들의 상속 비율이 법정상속 비율과 다르다고 하더라도, 이는
적법한 상속재산의 취득이 되어 증여세와는 관계가 없는 것입니다.

순위	상속인	법정상속 비율
1순위	직계비속, 배우자	원칙 : 공동상속인들은 동일한 상속 비율 적용
2순위	직계존속, 배우자	
3순위	형제자매	배우자 : 5할을 가산한 비율을 적용
4순위	4촌 이내의 방계혈족	

최초로 협의분할을 한 이후에, 다시 분할하여 상속인들 간의 상속재산에 변동이 생긴다면?

상속재산에 대한 협의분할은 꼭 1회만 할 수 있는 것은 아니고, 최초로 협의분할을 한 이후에 재협의를 통해 상속재산을 다시 분할 할 수도 있습니다. **이때 재협의를 통한 분할을 언제 했느냐에 따라 증여세가 추가로 부과될 수 있으니 유의해야 합니다.**

① **상속세 과세표준 신고기한까지 재협의를 통해 다시 분할한 경우에는 당초 협의한 상속 비율과 재협의한 상속 비율이 달라지더라도 증여세는 부과되지 않습니다.** 여기서 상속세 과세표준 신고기한이라 함은 상속개시일(사망일)이 속한 달의 말일부터 6개월 이내를 말합니다. 예를 들어서 4월 20일에 사망한 경우라면 10월 말일까지가 되고, 이 기간까지 여러 번 협의를 통해 상속인들 간의 상속재산이 변동되더라도 증여세가 부과되지 않는 것입니다.

② 하지만 상속세 과세표준 신고기한이 지난 후 재분할을 한 경우에는, 그 재분할한 결과로 인해 특정 상속인이 당초 상속분을 초과하여 취득하게 되는 재산은 재분할에 의하여 상속분이 감소한 상속인으로부터 증여받은 것으로 보아 증여세가 부과됩니다. 따라서 신고기한이 지난 후 재협의를 하게 되면 증여세가 부과될 수 있으니, 이런 상황이 발생하지 않도록 사전에 공동상속인들끼리 원만한 합의를 통해 상속비율을 결정하는 것이 중요합니다.

관련 법령 등

「상속세 및 증여세법」 제4조 제3항, 「민법」 제1012조 및 제1013조 등

재산세과-3465, 2008.10.24.

[회신] 상속개시 후 <u>최초로</u> 협의분할에 의한 상속등기 등을 함에 있어서는 특정 상속인이 법정상속분을 초과하여 재산을 취득하는 경우에도 증여세가 과세되지 아니하는 것임.

08

상속으로 받는 재산보다 더 많은 상속채무를 인수하면 증여세 문제가 발생할까요?

👆 상황

> A가 사망하면서 총 20억 원의 상속재산과 10억 원의 상속채무를 그의 상속인인 B와 C가 상속받으려고 한다. 협의분할을 통해서 B는 상속재산 중 15억 원을 상속받고, C는 나머지 상속재산 5억 원과 상속채무 10억 원 전액을 상속받기로 하였다.

Q 특정 상속인이 상속으로 얻은 재산보다 더 많은 상속채무를 인수하면 증여세 문제가 발생하나요?

A 특정인이 그가 받은 상속재산을 초과하여 인수한 채무에 대해서는, **다른 상속인들이 채무면제이익을 얻은 것으로 보아** 증여세가 부과될 가능성이 있습니다.

👆 상속채무도 협의분할이 가능할까?

상속이 발생하면 피상속인의 자산뿐만 아니라 채무도 승계하게 됩니다. 보통 자산을 적극재산, 채무를 소극재산이라고 표현하는데 이렇게 소극재산인 "채무"(빚)도 상속이 개시되면 상속인들이 승계하게 되는 것입니다.

원칙적으로 상속채무에 대해서는 「민법」상 분할이 허용되지 않습니다. 왜냐하면 상속채무의 분할이 상속인 간의 협의에 따라 가능하다고 볼 경우, 상속인 중 자력이 부족한 1인에게 채무를 모두 상속시키는 방법으로 채권자의 채권회수를 방해할 위험이 있기 때문입니다. 따라서 상속채무는 원칙적으로 상속인들의 공동채무이고, 상속인 각자의 법정 상속분에 따라 분할·상속된다고 봅니다.

🖱 상속채무를 많이 부담하면 증여세가 부과된다?

원칙적으로 상속채무에 대해서는 협의분할이 허용되지 않지만, **실무적으로 상속인들 간의 협의를 통해 특정 채무를 분할하여 인수하기로 하는 경우가 많습니다.** 예를 들어서 상속재산이 아파트, 현금인 경우 상속인 중 1인이 아파트를 상속받으면서 그 아파트에 담보된 채무인 근저당채무(대출채무)나 임대보증금 반환채무(전세보증금 등)를 해당 아파트를 상속받은 상속인이 전부 인수하겠다고 하는 것입니다. 이에 대해서 **채권자인 은행이나 임차인이** 상속인 중 1인이 전부 채무를 인수한 것에 대해 **승낙할 경우**에는 해당 채무의 분할은 유효하다고 봅니다.

하지만 이때 **특정 상속인이 상속받은 재산보다 더 많은 채무를 인수하여 변제할 경우 다른 상속인들에게 증여세가 부과될 수 있다는 점에**

유의해야 합니다. 위의 상황에서 상속인 중 C는 상속으로 받은 재산은 5억 원인데 상속채무 10억 원을 인수하여 변제한다면, 다른 상속인인 B는 C가 본인의 상속재산 보다 초과하여 변제한 5억 원에 대해 채무면제이익을 얻은 것으로 보아 증여세가 부과될 수 있습니다.

따라서 상속 개시 후 상속인들 간 협의분할을 할 때, 적극재산인 상속재산에 대한 분할 뿐만 아니라 소극재산인 채무에 대한 분할도 신경 써서 해야 추후 증여세 문제가 발생하지 않습니다.

관련 법령 등

「상속세 및 증여세법」 제36조

서면인터넷방문상담4팀-1542, 2006.06.01.

> **회신** 상속개시 후 최초로 공동상속인 간에 상속재산을 협의분할함에 있어 특정 상속인이 법정상속분을 초과하여 재산을 취득하는 경우에도 증여세 과세 문제는 발생하지 아니하는 것이나, 상속인 중 1인이 그가 상속받은 재산가액을 초과하는 채무를 인수함으로써 다른 상속인이 얻은 이익에 대하여는 증여세가 과세되는 것임.

09

해외에 있는 재산을 국내로 반입할 때도 증여세를 내야 하나요?

👆 상황

해외에서 거주하던 A는 국내에서 노년을 보내기 위해서 해외재산을 전부 처분하고 해당 자금을 국내로 들여올 예정이다. 이렇게 국내로 들여온 자금은 본인이 거주할 아파트를 취득하는 데 사용하고, 나머지는 각종 생활비로 사용할 계획이다.

Q 해외에 있는 재산을 국내로 갖고 들어올 때, 추가로 증여세를 내야 하나요?

A 국외에 소재하는 자기 소유 재산을 국내로 반입하거나, 그 재산으로 국내 재산을 취득하는 경우에는 증여세 과세 문제가 발생하지 않습니다.

👆 국가 간 재산의 이동에 대해서 증여세가 발생할까?

"증여세"는 증여자에서 수증자로의 재산 등의 무상 이전에 대해서 부과하는 세금이기 때문에, **단순히 본인의 해외소재 재산을 국내로 들**

여오는 경우에는 타인으로의 재산 이전이 아니므로 증여세가 부과되지 않습니다.

따라서 해외금융기관에 예치되어 있는 현금·주식 등 금융자산을 국내금융기관으로 이전(반입)하는 경우에는 그 재산의 소재지가 해외에서 국내로 바뀌는 것일 뿐 해당 재산의 소유자가 바뀌는 것이 아니기 때문에 부의 무상 이전이 발생했다고 볼 수 없습니다.

🖐 해외에서 재산을 반입할 때 유의해야 할 사항은?

하지만 **단순히 재산의 소재지만 바뀐 경우가 아닐 경우**에는 각종 세금이 부과될 위험이 존재합니다.

① 먼저 본인 소유의 재산이 아닌, **타인 소유의 해외재산을 본인에게 무상으로 반입할 경우**에는 당연히 증여세가 부과될 수 있습니다. 예를 들어서 부모의 해외금융기관 계좌에 예치되어 있던 금전 등이 자녀의 국내금융기관 계좌로 이체되는 경우 등이 해당합니다. 또한 부모의 국내금융기관 계좌에서 자녀의 해외금융기관 계좌로 외화 등이 이체되는 경우에도 마찬가지입니다.

② 본인 소유의 재산이 맞더라도, **그 재산을 형성하는 과정에서 적법한 세무신고 등을 누락한 사실이 있다면** 그동안 납부하지 않았던 본래 세금에 가산세까지 더해서 관련 세금이 부과될 수 있습니다.

빈번하게 발생하는 대표적인 사례를 소개하면, 해외수출을 주업으로 하는 사업자가 해외매출액의 일부를 세무신고 시 누락하고 해외계좌로 보관하다가 국내로 반입하여 고가의 부동산 등 재산을 취득하는 경우입니다. 보통 매출신고를 누락 할 당시에는 문제가 발생하지 않다가 추후 재산 취득 과정에서 자금출처 조사를 통해 밝혀지는 경우가 많습니다. 따라서 해외에서의 자금 반입이나 이를 통한 재산을 취득할 계획이라면 사전에 어떤 세무적 리스크가 있는지 점검하고 대응할 계획을 세워야 합니다.

관련 법령 등

「상속세 및 증여세법」 제4조, 「상속세 및 증여세법」 기본통칙 4-0-4

「상속세 및 증여세법」 기본통칙 4-0-4

① 국내에 주소를 둔 상속인이 국외에 주소를 둔 피상속인의 국외재산을 상속받아 동 재산을 국내로 반입하거나, 동 재산으로 국내재산을 취득하는 경우 동 재산에 대하여는 증여세를 부과하지 아니한다.

② 국외에 주소를 둔 자가 자기 소유 재산(증여받은 국외소재재산 포함)을 국내로 반입하거나 동 재산으로 국내 재산을 취득하는 경우 동 재산에 대하여는 증여세를 부과하지 아니한다.

재삼 46014-721, 1999.04.15.

국내에 주소를 둔 자가 국외에 소재하는 자기 소유 재산을 국내로 반입하거나 동 재산으로 국내 재산을 취득하는 경우 그 재산에 대해서는 증여세 과세 문제가 발생하지 아니하는 것이며, 부동산 등의 취득자금에 대한 출처소명을 요청받은 경우에는 외국정부에 납부한 납세영수증 등에 의하여 본인이 형성한 재산을 국내로 반입한 사실을 입증할 수 있는 서류를 제출하면 됨.

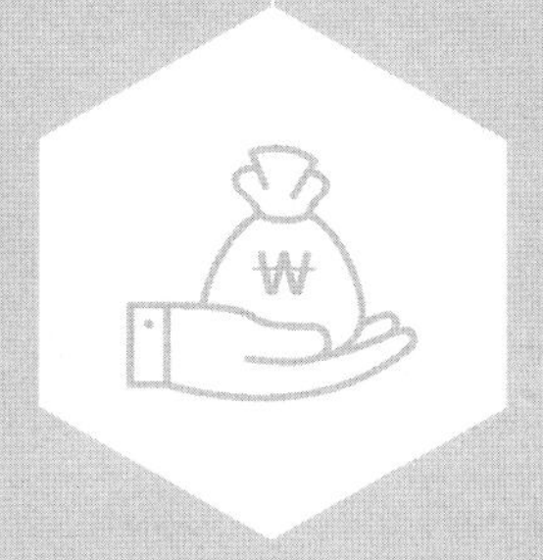

증여재산의
취득시기와
증여의 유형

증여재산의 취득시기가 중요한 이유는 뭔가요?

상황

> A는 B에게 금전을 증여한다는 내용으로 계약서를 작성했다. 계약서상 7월 10일에 A의 계좌에서 B의 계좌로 금전을 이체하기로 했는데, 실제로는 계약일보다 빠른 6월 30일에 계좌이체 하였다.

Q 증여받은 재산은 언제 취득하는 것이고, 취득일이 언제인지는 왜 중요한가요?

A 증여를 언제 받았는지 그 취득시기는 증여받은 재산이 무엇인지에 따라 다릅니다. 이러한 증여재산의 취득시기는 증여세 납세의무의 성립시기가 되어 **납세의무의 범위, 증여재산공제 대상 여부, 증여세 신고기한 등**에 영향을 주기 때문에 중요합니다.

증여재산의 "취득시기"란?

증여자가 재산 등을 증여하는 날과 수증자가 증여를 받은 날은 동일하고, 이렇게 **수증자가 증여를 받은 날이 곧 "증여재산의 취득시기"가 됩니다.**

이러한 증여재산의 취득시기는 증여재산의 종류에 따라 각각 다르게 규정하고 있는데, **대표적으로 부동산과 같이 권리의 이전이나 그 행사에 등기·등록을 요하는 재산은 등기부·등록부에 기재된 등기·등록접수일이 취득시기가 됩니다.** 예를 들어서 부동산을 증여할 때 증여계약서상의 계약일은 6월 20일이지만, 실제 등기접수일이 7월 5일인 경우에는 그 취득시기가 접수일인 7월 5일이 되는 것입니다.

또 다른 예로 **금전을 계좌 이체하여 증여할 경우 그 금전을 인도한 날(이체한 날)이 취득시기가 됩니다.** 위의 상황에서 계약상 7월 10일에 금전을 이체하기로 약정했지만, 실제로는 6월 30일에 이체했기 때문에 이날(이체한 날)이 증여재산의 취득시기가 되는 것입니다.

재산구분	증여재산의 취득시기
권리 이전이나 행사에 등기·등록을 요하는 재산	등기·등록 신청서 접수일
주식 또는 출자지분	배당금 수령이나 주주권 행사사실 등에 의하여 인도받은 사실이 객관적으로 확인되는 날. 다만, 인도받은 날이 불분명하거나 인도전 명의개서한 경우 주주명부에 명의개서 한 날
무기명채권	이자지급 사실 등으로 취득사실이 객관적으로 확인되는 날. 다만, 그 취득일이 불분명한 경우에는 이자지급 또는 채권 상환을 청구한 날
그 외의 일반적인 경우	인도한 날 또는 사실상의 사용일

증여재산의 취득시기가 중요한 이유는?

증여세가 부과되는 이유는 수증자가 증여재산을 취득했기 때문이고, 이렇게 증여로 인해 재산을 취득하는 때에 증여세의 납세의무가 성립합니다. **따라서 증여재산의 취득시기는 증여세 납세의무의 범위, 증여재산의 종류, 증여재산공제 대상 여부, 증여세 신고기한 및 부과제척기간 등을 결정하게 되고, 나아가 증여재산의 평가기준일 등이 되기 때문에 굉장히 중요합니다.**

또한 「상속세 및 증여세법」의 개정으로 인한 새로운 규정이 시행될 때, **증여재산의 취득시기가 개정 법률의 시행 전이었느냐 또는 이후였느냐에 따라 그 적용 내용이 다를 수도 있습니다.** 즉 개정 법률의 시행 전에 증여재산을 취득했다면 그 개정 전 법률에 따라 증여세가 부과되고, 개정 법률의 시행 이후에 증여재산을 취득했다면 그 개정 법률에 따라 증여세가 부과됩니다.

취득시기를 잘못 적용하면 가산세가 부과될 수 있다?

증여재산의 취득시기는 증여세 신고납부 기한이 언제인지를 결정하는 기준이 되기 때문에 굉장히 중요합니다. 증여세는 **증여일(증여재산의 취득시기)이 속한 달의 말일부터 3개월 이내에 신고하고 납부해야 하는데**, 이 기한을 넘기면 가산세라는 금전적 불이익이 발생합니다.

위의 상황에서 증여재산의 취득시기를 증여계약서상의 날짜인 7월

10일로 오인하여 9월을 넘겨서 10월 중에 신고했다면 이는 세법에서 정한 신고기한을 지난 후 신고한 것이 되어 기한후신고가 됩니다. 실제로는 금전 등을 인도한 날(이체한 날)인 6월 30일이 취득시기이자 증여일이기 때문에 9월 말일까지 신고해야 했을 것입니다. 따라서 신고기한을 오인하여 불필요한 가산세를 부담하지 않기 위해서는 정확한 증여재산의 취득시기, 증여일이 언제인지를 꼭 확인해야 합니다.

관련 법령 등

「상속세 및 증여세법」 제32조, 「상속세 및 증여세법 시행령」 제24조, 「국세기본법」 제21조 제2항

자녀 통장에 매월 일정금액을 이체하여 펀드를 매수해 주려고 합니다. 이때 매번 증여세 신고를 해야 할까요?

👆 상황

A는 미성년 자녀 B의 계좌로 매월 50만 원씩 10년 동안 이체하고, 이 돈으로 B는 펀드 자동매수를 할 예정이다. 자녀에게 돈을 주면 증여세 신고를 해야 한다고 알고 있는데, 이렇게 매월 넣어주는 돈에 대해서는 매월 증여세를 신고해야 하는지 궁금하다.

Q 자녀 통장으로 매월 일정금액을 증여하면, 그때마다 증여세 신고를 해야 하나요?

A 증여세 신고는 "증여받은 때마다" 신고하는 것이 원칙입니다. 다만, 유기정기금 방식으로 평가하여 신고하는 경우에는 한 번만 신고하면 됩니다.

👆 정기적으로 증여한 경우, 증여세 신고는 매번 해야 할까?

증여세 신고는 증여받은 날이 속한 달의 말일부터 3개월 이내에 하

는 것이 원칙이기 때문에, **증여 행위가 정기적이었는지 비정기적이었
는지에 관계없이 "증여받은 때마다" 증여세 신고를 해야 합니다.**

따라서 자녀의 재산형성을 위한 금융상품 재테크를 위해서 매월, 혹
은 일정주기로 적금·펀드 등을 매수하기 위한 금전을 증여할 경우에는
그 입금을 한 때마다 증여세 신고를 하는 것이 원칙이며, 경우에 따라
서는 수백 건에 이르는 증여세 신고를 해야 할 수도 있습니다.

증여할 때마다 신고하면 건수도 너무 많고 번거로운데, 한 번만 신고할 수는 없을까?

**특정금액을 정기적으로 증여하기로 약정하고 "유기정기금 방식"으
로 평가한 금액을 최초 증여일(입금일)에 증여한 것으로 보아 신고한
경우에는 한 번의 신고만 하면 됩니다.** 즉 수증자가 장래에 받을 증여
재산을 하나의 채권으로 보고, 그 채권 총금액(명목금액)을 현재가치로
할인한 금액(3% 할인율 적용)으로 평가해서 한 번에 신고하는 것입니다.

위의 상황에서 유기정기금 증여약정에 따른 증여세를 신고한다고 하
면, 수증자 입장에서는 앞으로 10년 동안 총 6,000만 원(50만 원×12
개월×10년)을 증여받을 예정이고 이 10년의 기간을 현재가치(3%)로
할인한 금액인 약 5,272만 원을 최초 입금일(증여일)에 대한 증여세
신고기한까지 한 번만 신고하면 되는 것입니다.

증여연차	증여원금	할인율(3%)	증여재산 평가금액
1년 이내	6,000,000원	100%	6,000,000원
2년 이내	6,000,000원	97.09%	5,825,243원
3년 이내	6,000,000원	94.26%	5,655,575원
4년 이내	6,000,000원	91.51%	5,490,850원
5년 이내	6,000,000원	88.85%	5,330,922원
6년 이내	6,000,000원	86.26%	5,175,653원
7년 이내	6,000,000원	83.75%	5,024,906원
8년 이내	6,000,000원	81.31%	4,878,549원
9년 이내	6,000,000원	78.94%	4,736,455원
10년 이내	6,000,000원	76.64%	4,598,500원
합계	**60,000,000원**	–	**52,716,654원**

유기정기금 방식으로 평가하여 증여세 신고를 하는 경우, 어떤 장점이 있을까?

유기정기금 방식으로 평가하여 증여세를 신고할 경우에는 한 번만 증여세 신고를 하면 되기 때문에 ① **매번 증여세 신고를 해야 하는 번거로움이 없고, ② 총증여할 명목금액을 할인한 금액으로 증여재산을 평가하기 때문에 증여세를 절감할 수 있다**는 장점이 있습니다.

관련 법령 등

「상속세 및 증여세법」 제32조, 「상속세 및 증여세법」 제65조, 「상속세 및 증여세법 시행령」 제62조

질의 직계 자녀에게 매달 10만 원씩 10년간 현금을 자동이체하는 방식으로 증여할 계획임. 최초 이체 시 유기정기금 방식으로 평가하여 신고할 수 있는지 여부

회신 부모가 증여목적으로 자녀 명의의 계좌에 현금을 입금한 경우에는 그 입금한 때마다 증여한 것으로 보는 것이나, 부모가 정기적으로 자녀 계좌에 현금을 입금하기로 자녀와 약정한 경우로서 그 사실을 최초 입금일부터 증여세 과세표준 신고기한 이내에 신고한 경우에는 유기정기금 평가방법에 따라 평가한 가액을 최초 입금일에 증여한 것으로 보아 증여세 과세표준을 계산할 수 있는 것임.

03 보험료를 내는 사람과 보험금을 받는 사람이 다르면 증여세 문제가 발생하나요?

상황

> A는 보험회사와 생명보험 계약을 체결하고 보험료를 납부해 왔다. 해당 생명보험 계약 내용은 B가 사망하면 C가 사망보험금을 받는 내용인데, 최근 B가 사망함에 따라 C가 사망보험금을 수령하였다.

Q 제가 보험료를 냈는데 자녀가 보험금을 받으면 이 경우에도 증여세가 부과되나요?

A **맞습니다.** 왜냐하면 자녀의 입장에서는 보험료의 부담 없이 보험금이라는 금전재산을 무상으로 취득하였기 때문입니다.

"보험"과 관련해 기본적으로 알아야 할 용어는?

보험과 관련하여 꼭 알아야 할 용어들은 "① 보험계약자, ② 피보험자, ③ 보험수익자, ④ 보험자"인데, 이 용어들의 의미를 정확히 알아야 합니다.

① **"보험계약자"는** 보험에 가입할 때 자기의 이름으로 보험회사와 보험계약을 체결하고 **보험료의 납부 의무를 지는 자**를 말합니다. 쉽게 말해서 "보험계약자"란 보험료를 내는 사람을 말한다고 이해하면 됩니다.

② **"피보험자"는** 가입한 보험계약에 따른 **보험의 보장을 받을 수 있는 대상**을 말하는데, 일반적으로 생명보험 상품에서는 사람을, 손해보험 상품에서는 주택·자동차 등이 해당합니다. 예를 들어서 가입한 생명보험이 A의 사망을 보험금 지급의 원인으로 하고 있다면, A가 바로 "피보험자"가 되는 것입니다.

③ **"보험수익자"는** 보험계약에 따라 보험금 지급사유가 발생한 때에 보험회사로부터 **보험금을 지급받는 자**를 말합니다.

④ **"보험자"는** 보험사고가 발생하여 **보험금 지급의무를 부담하는 자**로서 우리가 흔히 말하는 보험회사를 말합니다.

위의 상황을 보험에서 사용하는 용어로 바꿔서 이해해 보면 A는 보험계약자, B는 피보험자, C는 보험수익자가 되는 것입니다.

👆 누가 실제로 보험료를 냈는지가 중요하다?

생명보험 또는 손해보험 계약을 체결할 때 보험계약자와 보험수익자가 같다면 본인이 냈던 보험료에 근거하여 보험금을 받은 것이므로 증여세 문제가 없지만, **그 둘이 다른 경우에는 해당 보험사고가 발생한**

날을 증여일로 하여 보험금 상당액을 보험금 수령인이 증여받은 것으로 보아 증여세가 부과됩니다.

이때 ① 해당 보험료를 전부 타인이 납부했다면 수령하는 보험금 전액을 증여재산으로 보고, ② 해당 보험료 중 일부는 본인이 납부하고 나머지를 타인이 납부했다면, 수령하는 보험금 중 총납부한 보험료에서 타인이 납부한 보험료의 비율만큼을 증여재산으로 보게 됩니다.

구분	증여재산가액
타인이 보험료 전부를 납부한 경우	당해 보험금 전액
타인이 보험료 일부를 납부한 경우	당해 보험금 × $\dfrac{\text{타인이 납부한 보험료}}{\text{총 보험료}}$

👆 보험수익자가 직접 보험료를 납부했다면 증여세 문제는 발생하지 않는다?

보험수익자가 직접 보험료를 납부했더라도, **보험계약 기간에 타인에게 재산을 증여받아 보험료를 납부한 경우라면** 이는 타인이 보험료를 납부한 경우와 경제적 실질이 동일하다고 보아 보험금에 대하여 증여세가 부과됩니다.

즉 형식상 보험수익자가 보험료를 납부했더라도 자력으로 형성한 재산이 아닌, **무상으로 얻은 증여재산으로 보험료를 납부했다면** 이는 실질상 타인이 대신 보험료를 납부한 것으로 보는 것입니다.

이때 증여재산가액의 계산은 ① **해당 보험료 전부 타인의 재산을 증여받아 납부했다면** 수령하는 보험금에서 보험료 납부액을 뺀 차이금액을 증여재산으로 보고, ② **해당 보험료 중 일부를 타인의 재산을 증여받아 납부했다면** 수령하는 보험금 중 총납부한 보험료에서 타인의 재산을 증여받아 납부한 보험료의 비율만큼에서, 타인의 재산을 증여받아 납부한 보험료를 뺀 차이금액을 증여재산으로 보게 됩니다. 여기서 보험료(증여받아 납부한 금액에 한정)를 차감하는 이유는, 해당 보험료는 이미 증여세가 부과되었을 것이므로 이중과세 방지를 위해 보험금의 증여재산에서 차감하는 것입니다.

구분	증여재산가액
타인재산 수증분으로 전액 납부한 경우	당해 보험금 전액 – 보험료 불입액
타인재산 수증분으로 일부 납부한 경우	$\left(\text{당해 보험금 전액} \times \dfrac{\text{타인재산 수증분으로 납부한 보험료}}{\text{총 보험료}}\right) - \text{타인재산 수증분으로 납부한 보험료}$

👆 사망보험금을 받으면 상속세도 부과될 수 있다?

보험사고로 인해 보험금을 수령했을 때, **증여세가 부과되는지는 "보험료를 납부한 자"와 "보험금을 수령한 자"가 같은지 또는 다른지에 따라** 그 여부가 달라집니다.

또한 **상속이 발생하여 사망보험금을 수령하는 경우**, 증여세와 마찬가지로 **"보험료를 납부한 자"와 "보험금을 수령한 자"가 같은지 또는**

다른지에 따라 해당 보험금이 상속재산가액에 포함되어 상속세가 부과될 수도 있고 아닐 수도 있습니다. 만약 상속인이 보험료를 납부했고 그 상속인이 보험금도 수령한다면 상속세 과세 문제는 발생하지 않습니다. 반면, 피상속인이 보험료를 납부했고 상속인들이 해당 보험금을 수령하는 경우라면 해당 보험금은 상속재산가액에 포함됩니다.

보험금에 대해서 상속세와 증여세가 부과되는지, 아니면 과세 문제가 없는지에 대해서 정리해 보면 아래 표와 같습니다.

피보험자	보험계약자	보험료 납부자	보험수익자	세법상 처리
–	A	A	A	과세 문제 없음
–	A	A	B	B에게 **증여세** 부과
피상속인	피상속인	피상속인	상속인	상속인에게 **상속세** 부과

관련 법령 등

「상속세 및 증여세법」 제34조

서면인터넷방문상담4팀-1186, 2007.04.11.

회신　생명보험 또는 손해보험에 있어서 보험계약기간 안에 타인으로부터 재산을 증여받아 보험료를 불입하는 자가 보험사고(만기 보험금 지급의 경우를 포함)의 발생으로 보험금을 수취하는 경우에는 그 보험료불입액에 대한 보험금 상당액에서 당해 보험료불입액을 차감한 금액을 보험금수취인의 증여재산가액으로 하는 것이며, <u>재산을 먼저 증여받은 후 보험계약을 체결하는 등 그 경제적인 실질이 이와 유사한 경우에도 이를 보험금수취인의 증여재산가액으로 하는 것임.</u>

재산세과-151, 2011.04.05.

회신 생명보험 또는 손해보험에 있어서 보험금 수취인과 보험료 불입자가 다른 경우에는 보험사고가 발생한 때에 보험료 불입자가 보험금 상당액을 보험금 수취인에게 증여한 것으로 보는 것이나, <u>사실상 보험금 수취인과 보험료 불입자가 동일한 경우에는 증여세가 과세되지 아니하는 것</u>이며 이에 해당하는지 여부는 구체적인 사실을 확인하여 판단할 사항임.

04

재산을 시가보다 저렴하게 팔면 증여세가 부과되나요?

👆 상황

> A는 본인이 소유한 아파트를 B에게 매도(양도)하려고 한다. 현재 해당 아파트의 시세는 5억 원인데 이보다 낮은 가격으로 매매계약을 체결할 예정이나 아직 구체적인 가격은 정하지 않았다.

Q 제가 소유한 부동산을 타인에게 양도할 때, 시세보다 낮은 가격으로 팔면 증여세 문제가 발생하나요?

A 문제가 발생할 수도 있고, 아닐 수도 있습니다. 왜냐하면 **양도자(파는 사람)와 양수자(사는 사람)의 관계, 실제 거래하는 가격이 시가와 얼마나 차이가 나는지 등에 따라** "양수자"에 대한 증여세 부과 여부가 달라질 수 있기 때문입니다.

👆 재산을 시가보다 저가로 양도했을 때 증여세가 부과된다?

「상속세 및 증여세법」에서 "증여"란 그 행위 또는 거래의 명칭·형식·목적 등과 관계없이 직접 또는 간접적인 방법으로 타인에게 무상으로 유형·무형의 재산 또는 이익을 이전하거나 타인의 재산가치를 증가시키는 것을 말하는데, **여기서 "이전"에는 현저히 낮은 대가를 받고 이전하는 경우를 포함합니다.**

재산을 "매매"하는 거래는 대가를 주고받는 유상거래지만, 그 거래가격(대가)을 시가보다 현저히 낮게 함으로써 재산을 이전하는 경우 **실제 거래가격과 시가만큼의 차액은 실질적으로 양수자가 증여받은 것과 동일한 효과가 있기 때문에 이에 대해서는 원칙적으로 증여세를 부과합니다.** 예를 들어서 시가가 10억 원인 재산을 6억 원에 산다면 양수사 입상에서는 사실상 4억 원(10억 원-6억 원, 시가와 대가의 차이)만큼의 경제적인 이익을 무상으로 이전받았다고 볼 수 있는 것입니다.

👆 시가보다 조금이라도 저렴하게 팔면 무조건 증여세가 부과된다?

"시가"란 불특정 다수인 사이에 자유롭게 거래가 이루어지는 경우에 통상적으로 성립된다고 인정되는 가액을 말하는데, 현실적으로 특정 재산의 시가가 얼마인지에 대한 평가가 모호한 경우가 많습니다. 따라서 시가 산정의 어려움 등의 현실적인 이유를 고려하여 **비록 시가보다 저렴하게 거래하더라도, 시가와 대가와의 차이가 "일정금액 이내 또는 일정비율 이내"라면** 이는 적정한 거래로 보아 증여세를 부과하지 않습니다.

특수관계인 간에 저가로 거래한 경우에는?

"특수관계인"이란 본인과 친족관계, 경제적 연관관계 또는 경영지배관계 등의 관계에 있는 자를 말하는데, **우리가 흔히 접하는 특수관계는 본인의 4촌 이내의 혈족, 3촌 이내의 인척, 배우자 등이 해당합니다.** 따라서 나의 배우자, 나의 부모 및 자녀, 형제자매 등은 나의 특수관계인이 되는 것입니다.

사실 제3자인 타인과 자유로운 협상을 통해 거래하는 경우보다는, 특수관계인 간에 거래할 때 이러한 저가 양도를 활용하여 무상이익을 분여하고자 하는 유인이 더 큽니다.

이렇게 부모가 자식 등에게 재산을 양수·도하는 경우와 같이 **"특수관계인" 간에 재산을 저가로 양도하는 경우에는 ① 시가보다 30% 이상 낮은 가격으로 거래**하거나, **② 시가와 대가의 차이가 3억 원 이상인 경우**에는 증여세가 부과될 수 있습니다.

이때 증여재산가액은 시가와 대가의 차이에서, 시가의 30%와 3억 원 중 적은 금액을 차감하여 계산합니다.

위의 상황에서 시가가 5억 원인 부동산을 3억 원의 대가를 받고 양도할 경우 그 차이는 2억 원이 되고, 여기서 시가의 30%인 1억 5천만 원과 3억 원 중 적은 금액인 1억 5천만 원을 차감한 5천만 원이 증여재산가액이 되는 것입니다.

관계	거래형태	과세요건	증여이익 계산
특수관계	저가 양도	시가와 대가의 차이가, 시가의 30% 이상인 경우	(시가-대가) – Min(시가의 30%, 3억 원)
		시가와 대가의 차이가 3억 원 이상인 경우	

👆 특수관계인이 아닌 자 간에 저가로 거래한 경우에는?

일반적으로 특수관계인이 아닌 "제3자 간"에 거래하는 경우라면 양도자가 의도적인 저가 거래를 통해 양수자에게 무상이익을 분여하고자 하는 유인이 있을 거라고 보기는 어렵습니다. 즉 상식적으로 나의 가족 등이 아닌 타인에게 굳이 무상이익을 주려고 할 동기가 없는 것입니다.

그럼에도 불구하고 제3자 간의 거래를 할 때에도 여러 가지 이유로 인해 변칙적인 증여행위가 일어날 수 있으므로, **일정한 요건에 해당하면 특수관계인이 아닌 자 간에 저가 양도를 한 경우에 대해서도 증여세가 부과될 수 있습니다.**

여기서 일정한 요건이란 **시가보다 30% 이상 낮은 가격으로 거래하는 경우**를 말합니다. 따라서 특수관계가 없는 제3자 간에 거래하는 경우에도 시가보다 30% 이상 저렴하게 양도할 경우에는 저가양수한 양수자에게 증여세가 부과될 수도 있는 것입니다.

다만 **이때의 증여재산가액은 시가와 대가의 차이에서, 3억 원을 차**

감하여 계산합니다. 위의 상황에서 시가가 5억 원인 부동산을 3억 원의 대가를 받고 양도할 경우 시가보다 30% 이상 낮은 가격으로 거래하였기 때문에 증여세 부과대상에는 해당합니다. 하지만 실제 증여재산가액은 그 차이금액(시가-대가)인 2억 원에서 3억 원을 차감한 값으로 계산하는데, 이를 계산한 값이 (-)1억 원이 되어 0원으로 보아 증여세가 부과되지는 않습니다.

관계	거래형태	과세요건	증여이익 계산
비특수관계	저가 양도	거래의 관행상 정당한 사유가 없고, 시가와 대가의 차이가, 시가의 30% 이상인 경우	(시가-대가) – 3억 원

또한 특수관계 없는 제3자 간의 시가보다 낮은 저가 거래로 인해 실제 증여재산가액이 발생했더라도, 곧바로 증여세를 부과하는 것은 아닙니다. 왜냐하면 특수관계 없는 자 간의 저가 양도 거래에 대해 증여세를 부과하기 위해서는 해당 거래가 정당한 사유 없이 이루어진 저가 거래여야 하는데, 이 점에 대해서는 과세관청이 입증해야 하기 때문입니다. **따라서 시가와 대가의 차이금액에 관계없이, 거래의 관행상 정당한 사유가 있었다면 제3자 간 저가 양도로 인한 증여세는 부과할 수 없는 것입니다.**

관련 법령 등

「상속세 및 증여세법」 제4조 제1항 제2호, 「상속세 및 증여세법」 제35조, 「상속세 및 증여세법 시행령」 제2조의2

서면인터넷방문상담4팀-116, 2005.01.14.

회신 특수관계에 있는 자 외의 자 간에 재산을 양수 또는 양도하는 경우로서 거래의 관행상 정당한 사유 없이 재산을 시가보다 현저히 낮은 가액으로 양수하거나 높은 가액으로 양도함으로써 이익을 얻은 경우에는 증여세가 과세되는 것임. 이 경우 거래의 관행상 정당한 사유가 있는지 여부는 당해 거래의 경위, 거래 당사자의 관계, 거래 가액의 결정과정 등을 감안할 때에 적정한 교환가치를 반영하여 거래하였다고 볼 수 있는지 여부 등 구체적인 사실을 확인하여 판단할 사항임.

대법-2017-두-61089, 2018.03.15.

과세처분이 적법하기 위해서는 양수자가 특수관계인이 아닌 자로부터 시가보다 현저히 낮은 가액으로 재산을 양수하였다는 점뿐만 아니라 거래의 관행상 정당한 사유가 없다는 점도 과세관청이 증명하여야 함.

05

재산을 시가보다 비싸게 파는 건 문제없나요?

🖐 상황

> A는 B가 소유한 아파트를 매수(양수)하려고 한다. 현재 해당 아파트의 시세는 5억 원인데, 이보다 높은 가격으로 매매계약을 체결할 예정이나 아직 구체적인 가격은 정하지 않았다.

Q 부동산을 시세보다 저렴하게 거래하면 문제가 생긴다는데, 반대로 부동산을 시세보다 높은 가격으로 거래하는 건 괜찮겠죠?

A 부동산 저가 거래와 마찬가지로, 양도자(파는 사람)와 양수자(사는 사람)의 관계, 실제 거래하는 가격이 시가와 얼마나 차이가 나는지 등에 따라 **"양도자"에게 증여세가 부과될 수도 있고 아닐 수도 있습니다.**

🖐 재산을 시가보다 고가로 양도했을 때는 증여세와 무관하다?

"증여"에는 재산을 무상으로 이전하는 것 뿐만 아니라, **현저히 낮은**

대가를 받고 이전하는 등 실질적인 경제적 이익의 무상 이전도 포함하여 증여세를 부과합니다.

따라서 저가 거래와 마찬가지로, 시가보다 높은 가격으로 거래하는 고가 거래에 대해서는 **양도자가 "실제로 지급받은 대가와 시가만큼의 차액"은 양수자로부터 실질적 증여를 받은 것으로 보아 양도자에게 증여세를 부과하는 것이 원칙입니다.** 예를 들어서 본래 시가가 10억 원인 재산을 14억 원에 팔 경우, 양도자 입장에서는 사실상 4억 원(14억 원-10억 원, 대가와 시가의 차이)만큼의 경제적인 이익을 무상으로 이전받았다고 볼 수 있는 것입니다.

👆 저가 거래와 마찬가지로, 특수관계인 간의 거래인지 및 실제 거래가격과 시가와의 차이가 얼마인지 등에 따라 증여세 과세여부는 달라진다?

고가 거래로 인해 양도자(파는 사람)가 시세보다 더 많은 이익을 얻었다고 해서 항상 증여세가 과세되는 것은 아닙니다. 저가 거래와 마찬가지로 특수관계자와의 거래였는지, 거래가격이 얼마인지 등에 따라 과세대상에 해당할 수도 있고 아닐 수도 있습니다.

① 먼저 특수관계에 있는 부모·자식 등이 고가 거래를 할 경우에는 "시가보다 30% 이상 높은 가격으로 거래"하거나, "대가와 시가의 차이가 3억 원 이상"인 경우에는 증여세가 부과될 수 있습니다. 이때 **증여재산가액은 대가와 시가의 차이에서, 시가의 30%와 3억 원 중 적은 금**

액을 차감하여 계산합니다.

위의 상황에서 시가가 5억 원인 부동산을 7억 원의 대가를 받고 양도할 경우 그 차이는 2억 원이 되고, 여기서 시가의 30%인 1억 5천만 원과 3억 원 중 적은 금액인 1억 5천만 원을 차감한 5천만 원이 증여재산가액이 되는 것입니다.

관계	거래형태	과세요건	증여이익 계산
특수관계	고가양도	대가와 시가의 차이가, 시가의 30% 이상인 경우	(대가–시가) – Min(시가의 30%, 3억 원)
		대가와 시가의 차이가 3억 원 이상인 경우	

② **만약 특수관계가 없는 제3자 간에 고가 거래가 발생한 경우에는 거래의 관행상 정당한 사유 없이 시가보다 30% 이상 높은 가격으로 거래했다면** 증여세가 부과될 수 있습니다. 다만 증여재산가액을 계산할 때는 대가와 시가의 차이에서 3억 원을 차감하여 계산합니다.

위의 상황에서 시가가 5억 원인 부동산을 7억 원의 대가를 받고 양도할 경우 시가보다 30% 이상 높은 가격으로 거래하였기 때문에 증여세 부과대상에는 해당합니다. 하지만 실제 증여재산가액은 그 차이금액(대가–시가)인 2억 원에서 3억 원을 차감한 값으로 계산하는데, 이를 계산한 값이 (–)1억 원이 되어 0원으로 보아 증여세가 부과되지는 않습니다.

관계	거래형태	과세요건	증여이익 계산
비특수관계	고가양도	거래의 관행상 정당한 사유가 없고, 대가와 시가의 차이가, 시가의 30% 이상인 경우	(대가-시가) - 3억 원

🖐 재산의 고가 양수·도 거래와 저가 양수·도 거래에 따른 증여세 부과 여부를 한 번에 정리해 보면?

앞서 본 바와 같이 재산을 양수·도하는 거래를 할 때, 해당 재산의 시가에서 벗어난 가격으로 거래하는 경우에는 증여세 과세 문제가 발생합니다. 시가보다 낮은 가격으로 거래하는 것을 "저가 양수·도 거래"라고 하고 시가보다 높은 가격으로 거래하는 것을 "고가 양수·도 거래"라고 하며, **이 경우 모두 실질적으로 시가와 대가의 차이 만큼에 해당하는 금액이 무상으로 이전된 것으로 보아 증여세가 과세될 수 있습니다.** 이를 정리해 보면 아래와 같습니다.

거래 구분	특수관계 여부	과세요건	증여이익	증여자	수증자
저가 양도	여	시가와 대가의 차이가, 시가의 30% 이상인 경우	(시가-대가) - Min(시가의 30%, 3억 원)	양도자	양수자
		시가와 대가의 차이가 3억 원 이상인 경우			
	부	거래의 관행상 정당한 사유가 없고, 시가와 대가의 차이가, 시가의 30% 이상인 경우	(시가-대가) - 3억 원		

거래 구분	특수관계 여부	과세요건	증여이익	증여자	수증자
고가 양수	여	대가와 시가의 차이가, 시가의 30% 이상인 경우	(대가-시가) - Min(시가 의 30%, 3억 원)	양수자	양도자
		대가와 시가의 차이가 3억 원 이상인 경우			
	부	거래의 관행상 정당한 사유가 없고, 대가와 시가의 차이가, 시가의 30% 이상인 경우	(대가-시가) - 3억 원		

👆 관련 법령 등

「상속세 및 증여세법」 제35조

여러 차례 나눠서 저가로 양도하면, 증여세 과세대상에 해당하는지는 각각의 거래별로 판단하는 건가요?

상황

> A는 자녀 B에게 오피스텔 1채를 시가보다 저렴하게 양도했고, 이때 저가양도에 따른 증여세 과세기준에는 미달[3]하여 증여세가 부과되지는 않았다. 6개월 후 A는 다시 B에게 토지를 양도할 계획인데, 이때 거래가격도 시가보다 낮게 설정할 생각이다.

Q 재산을 여러 차례에 걸쳐서 저가 양도하게 되면, 각각의 거래마다 증여세 과세기준에 해당하는지를 판단해서 증여세를 부과하는 건가요?

A **원칙적으로는 각각의 거래마다 과세기준 충족 여부를 판단**하지만, **그 거래일(증여일)부터 1년 이내에 동일한 거래가 있었다면** 각각의 거래에 따른 이익을 **합산하여 판단**합니다.

---

3) 저가 양도에 따른 증여세 과세기준에 미달하는 경우란 ① "특수관계인 간의 거래"인 경우 시가와 대가와의 차이가 시가의 30% 미만이면서 3억 원 미만인 경우를 말하고, ② "특수관계인이 아닌 자 간의 거래"인 경우 시가와 대가와의 차이가 3억 원 미만인 경우를 말함.

여러 차례 저가 양수·도 거래를 한 경우, 증여세 과세대상에 해당하는지는 각각의 거래별로 판단한다?

부모·자식 등과 같이 특수관계인 간에 재산을 시가보다 낮은 대가를 받고 양수·도할 경우, 시가와 대가와의 차이가 시가의 30% 이상이거나 3억 원 이상이라면 그 차이에 대해서 증여세가 부과될 수 있습니다. 반대로 말하면 저가 양수·도 거래를 했다고 하더라도 시가와 대가와의 차액이 시가의 30% 미만이면서 3억 원 미만이라면 증여세가 부과되지 않는 것입니다.

이렇게 재산에 대한 고·저가 양수·도 거래는 시가와 대가와의 차액이 얼마인지가 증여세 부과에 큰 영향을 주기 때문에 그 차액의 산정을 어떻게 하느냐가 굉장히 중요합니다.

재산을 여러 차례에 걸쳐서 양수·도 거래한 경우에는 시가와 대가와의 차액은 각각의 거래별로 산정하는 것이 원칙이고, 거래가 있을 때마다 증여세 과세기준에 부합하는지를 판단합니다. 예를 들어서 부모가 자녀에게 오피스텔을 매도했고, 이후에 토지를 매도한 경우 오피스텔 거래는 오피스텔대로, 토지 거래는 토지대로 각각의 시가와 대가와의 차액을 기준으로 증여세 과세기준을 적용하여 판단하는 것입니다.

구분	오피스텔 거래	토지 거래
시가	10억 원	10억 원
대가	7억 원	7억 원
시가의 30% 이상 여부	해당	해당

구분	오피스텔 거래	토지 거래
시가의 30%와 3억 원 중 적은 금액	3억 원	3억 원
증여이익 계산	(10억 원-7억 원) – 3억 원	(10억 원-7억 원) – 3억 원
증여재산가액	0원	0원

👆 1년 이내에 동일인 간의 저가 양수·도 거래가 또 있었다면?

재산의 고·저가 양수·도 거래에 대한 증여세 부과는 시가와 대가와의 차액이 발생하기만 하면 과세하는 것이 아니라, 일정금액을 넘어선 증여이익이 있어야 과세한다는 특성이 있습니다.

이에 따라 재산을 한 번에 거래하는 것이 아니라 의도적으로 여러 차례 나눠서 거래를 함으로써 시가와 대가와의 차이가 과세기준 금액에 미달하도록 하여 조세를 회피할 가능성이 존재하는데, 이를 방지하기 위해 「상속세 및 증여세법」에서는 **재산의 고·저가 양수·도 거래로 인한 이익을 계산할 때, 그 거래일(증여일)부터 소급하여 1년 이내에 동일한 거래가 있는 경우에는 각각의 거래에 따른 이익(시가와 대가와의 차액을 말함)을 합산하여 계산하도록 하고 있습니다.**

위의 상황에서 A는 자녀 B에게 오피스텔을 저가 양도했고, 그로부터 1년 이내인 6개월이 지난 후 다시 토지를 저가 양도했으므로 각각의 거래에 따른 이익을 합산하여 증여세 과세여부를 판단해야 합니다. 이에 따라 각각의 거래만을 기준으로는 증여이익이 없는 것으로 계산되어 증여세가 부과되지 않지만, 그 거래들을 합산한 기준으로는 증여이익이 발생하므로 증여세가 부과됩니다.

구분	오피스텔 거래	토지 거래	1년 이내 합산
시가	10억 원	10억 원	20억 원
대가	7억 원	7억 원	14억 원
시가의 30% 이상 여부	해당	해당	해당
시가의 30%와 3억 원 중 적은 금액	3억 원	3억 원	3억 원
증여이익 계산	(10억 원-7억 원) - 3억 원	(10억 원-7억 원) - 3억 원	(20억 원-14억 원) - 3억 원
증여재산가액	0원	0원	3억 원

관련 법령 등

「상속세 및 증여세법」 제35조, 「상속세 및 증여세법」 제43조 제2항

조심-2018-서-1532, 2019.04.05.

증여세는 증여가 있을 때마다 증여재산의 가액 및 과세표준과 세액을 계산하여 과세하는 것을 원칙으로 하되, 동일인으로부터 10년 이내에 증여받은 재산의 합계액이 일정금액 이상인 경우에는 예외적으로 종전 증여재산을 합산하여 증여세액을 산출하고 기납부세액을 공제하여 과세하고 있는 바, 이러한 증여시기별 과세원칙은 민법상 증여재산 외에 증여이익 및 증여추정규정에도 동일하게 적용되는 것이므로 저가·고가양도에 따른 이익

의 증여 규정을 적용할 때에도 원칙적으로 거래가 있을 때마다 증여세 과세요건을 판단하여야 하고, 다만 이 경우 한번에 거래를 하지 아니하고 여러 차례 나누어서 거래를 함으로써 차액이 일정금액 이상인 경우에 과세하도록 한 규정을 피해갈 수 있으므로 (구)「상속세 및 증여세법 시행령」 제31조의10 제2항에서 당해 그 이익과 관련된 거래 등을 한 날부터 소급하여 1년 이내에 동일한 거래가 있는 경우에는 그 이익을 합산하여 금액기준을 계산하도록 규정하고 있는 점 등을 고려하면, 복수의 양도인으로부터 별개의 계약에 의해 주식을 각각 저가양수한 이 건의 경우 '당해 그 이익과 관련된 거래와 동일한 거래'에 해당한다고 보기 어려우므로 쟁점①주식의 저가양수에 따른 이익은 쟁점②주식의 저가양수에 따른 이익과 합산하지 아니하고 증여재산가액을 각각 산정하는 것으로 하여 그 과세표준과 세액을 경정하는 것이 타당하다고 판단됨.

07

양도자는 한 명이고 양수자는 둘 이상인 저가 양수·도 거래를 하려고 합니다. 증여세 과세대상에 해당하는지는 양수자별로 판단하는 건가요? 아니면 양수자별로 얻은 이익을 합산해서 판단하는 건가요?

👆 상황

A는 본인이 소유한 비상장주식 중 1,000주를 자녀 B와 자녀 C에게 각각 500주씩 양도할 예정이고, 이때 거래가액은 시가보다 낮은 가액으로 결정할 계획이다.

Q 여러 명에게 재산을 저가로 양도할 경우, 증여세 부과기준에 해당하는지는 양수자별로 판단하는 건가요?

A **맞습니다.** 증여세는 수증자(증여를 받는 자)에게 부과되는 세금이기 때문에 **수증자인 "양수자별"로 증여세 과세기준**[4]**을 적용하여 과세여부를 판단**합니다.

👆 양도자는 1인이고 양수자가 여러 명일 때, 양수자별로 증여세 과세기준을 적용한다?

재산을 사고파는 양수·도 거래에 있어서 양수자가 여러 명인 경우가 자주 발생합니다. 예를 들어서 부동산을 부부가 공동으로 매수하는 경우, 주식을 자녀 여러 명이 양수하는 경우 등이 해당합니다. 이렇게 양수자가 여러 명인 양수·도 거래에서 해당 재산의 시가보다 낮은 가액으로 거래하는 경우에는 **"양수자별"로 증여세 과세기준을 적용하여 과세여부를 판단합니다.**

따라서 위의 상황에서 **B와 C가 주식을 저가로 양수하면서 얻은 시가와 대가와의 이익 상당액이, 증여세 부과기준에 해당하는지는 각각 "양수자별"로 검토하여 판단하는 것입니다.** 즉 B와 C가 거래한 총금액을 기준으로 증여세 부과기준에 해당하는지를 판단하는 것이 아니라, B는 B의 거래금액만을 기준으로 판단하고 C는 C의 거래금액만을 기준으로 각각 판단하는 것입니다.

👆 관련 법령 등

「상속세 및 증여세법」 제35조, 「국세기본법」 제14조 제1항

---

4) 저가 양수·도에 따른 증여세 과세기준이란 ① "특수관계인 간의 거래"인 경우 시가와 대가와의 차이가 시가의 30% 미만이면서 3억 원 미만인 경우를 말하고, ② "특수관계인이 아닌 자 간의 거래"인 경우 시가와 대가와의 차이가 3억 원 미만인 경우를 말함.

회신 특수관계 없는 자로부터 거래의 관행상 정당한 사유 없이 시가보다 현저히 낮은 가액으로 재산을 양수하는 경우 그 시가와 대가와의 차액에 상당하는 금액을 증여받은 것으로 추정하여 시가와 대가와의 차액에서 3억 원을 차감한 가액을 양수자의 증여재산가액으로 하는 것임. 이 경우 증여재산가액은 양수할 때마다 양수자별 양도자별로 산정하는 것이나, 제3자를 통한 간접적인 방법이나 둘 이상의 행위 또는 거래를 거치는 방법에 의하여 증여세를 부당하게 감소시킨 것으로 인정되는 경우에는 그 경제적인 실질에 따라 당사자가 직접 거래한 것으로 보거나 연속된 하나의 행위 또는 거래로 보아 증여재산가액을 산정하는 것임.

08

타인의 채무를 대신 갚아주면 증여세 문제가 발생할까요?

상황

A는 신용불량 상태로 현재 재산이 아예 없는 상황이며, 부모인 B의 도움을 받아 채무를 변제하려고 한다. 이때 B가 직접 채권자에게 변제하는 방법과, B가 A에게 현금을 증여하고 그 증여받은 현금으로 A가 채권자에게 변제하는 방법 중 고민하고 있다.

Q 타인의 빚(채무)을 대신 갚아주는 것도 증여에 해당하나요?

A **채무면제이익**으로서 **증여에 해당**합니다. 타인이 지고 있는 채무를 대신 변제해 주는 것은 사실상 채무상당액만큼의 금전을 증여한 것과 동일한 무상이익이 발생하기 때문입니다.

채무를 면제받으면 증여세가 부과된다?

① 채권자로부터 채무를 면제받거나, ② 제3자로부터 채무의 인수 또는 변제를 받은 경우에는 그 면제, 인수 또는 변제를 받은 날을 증여일로 하여 그 면제 등으로 인한 이익에 상당하는 금액을 면제받은 자

(채무자)의 증여재산가액으로 보아 증여세를 부과합니다.

이때 채무를 면제받은 자가 면제에 대한 보상액을 지급한 경우에는 그 보상액을 뺀 금액을 증여재산가액으로 보게 됩니다. 보통 채권자가 채무를 면제하는 경우보다는 보증인 등의 제3자가 채무자의 채무를 대신 변제하고 구상권을 행사하는 경우가 많은데, 이때 구상권을 행사한 금액만큼은 채무자가 다시 제3자에게 지급할 채무이므로 이 부분은 무상이익을 얻었다고 볼 수 없습니다. 따라서 구상권 행사 금액만큼은 채무면제이익을 계산할 때 차감하여 계산합니다.

👆 채무면제 등으로 이익을 얻어도 증여세를 면제하는 경우가 있다?

채무면제 등으로 무상이익을 얻은 채무자(수증자)가 **증여세를 납부할 능력이 없다고 인정되는 경우**로서 강제징수를 하여도 증여세에 대한 조세채권을 확보하기 곤란한 경우에는 **증여세의 전부 또는 일부를 면제**합니다.

사실 신용불량 상태에서 채무를 면제받거나 제3자가 변제해 주는 상황이라면, 실제 채무를 상환한 후에 채무자 수중에 남는 재산이 없는 경우가 많습니다. 이런 상황에서 조세를 부과해 봤자 징수하지 못하고 체납만 발생하기 때문에 불필요한 행정력을 소모하지 않기 위해서 증여세의 전부 또는 일부를 면제해 주는 것입니다.

👆 채무를 면제하거나 대신 변제해 준 사람에게 오히려 증여세가 부과될 수도 있다?

수증자가 증여세를 납부할 능력이 없다고 인정되는 경우로서 강제징수를 하여도 증여세에 대한 조세채권을 확보하기 곤란한 경우에는 증여자가 해당 증여세를 연대하여 납부할 의무가 있습니다. 그러나 **채무면제 등으로 발생한 무상이익에 대해서는** 수증자가 세금을 납부할 능력이 없더라도, **증여자는 증여세에 대한 연대납세의무를 부담하지 않습니다.**

👆 "부모가 직접 변제할 경우"와 "자녀에게 현금을 증여하여 변제하도록 하는 경우"에 증여세 부과 여부가 달라질 수 있다?

위의 상황에서 ① 부모인 B가 자녀 A의 채무를 채권자에게 직접 변제하는 경우나, ② B가 A에게 현금을 증여하고, 그 증여받은 현금으로 A가 채권자에게 채무를 변제하는 경우 모두 자녀인 B의 입장에서는 부모의 도움으로 채무를 상환한 결과가 됩니다.

이때 ①의 **경우처럼 부모가 채권자에게 직접 채무를 변제할 경우** 자녀 입장에서는 제3자로부터 채무의 변제를 받은 경우이므로 **이는 "채무면제에 따른 무상이익"에 해당**합니다. 이 경우 수증자가 무재산으로 증여세를 납부할 능력이 없다고 인정된다면 이에 대한 **증여세는 면제**되고, 그 증여자인 부모 또한 **연대납세의무가 없기 때문에** 세금부담 없이 채무를 상환할 수 있습니다.

　반면에 ②의 경우처럼 자녀가 채무를 상환할 수 있도록 부모가 현금 등으로 지원하는 경우에는 이는 "일반적인 금전 증여"에 해당하기 때문에 채무면제에 따른 무상이익이라고 할 수 없습니다. 따라서 이 경우에는 수증자가 무재산으로 증여세를 납부할 능력이 없다고 하더라도 **증여세가 면제되는 것이 아니며, 증여자도 연대납세의무를 부담**하게 됩니다.

관련 법령 등

　「상속세 및 증여세법」 제4조의2 제5항 및 제6항, 「상속세 및 증여세법」 제36조

서면인터넷방문상담4팀-567, 2005.04.12.

> **회신** 연대보증인 중 1인이 변제능력이 없는 주채무자를 대위하여 채무 전액을 변제하고도 다른 연대보증인이 부담할 채무액에 대하여 구상권을 행사하지 않은 경우 보증채무를 이행하지 않은 연대보증인이 얻은 이익에 대하여는 채무면제 등에 따른 증여세가 과세되는 것이며, 연대보증인 각자가 부담할 채무액은 연대보증인 사이에 체결한 약정에 의하여 그 부담비율이 객관적으로 확인되는 경우에는 그 약정에 의하고 그 부담비율을 정한 약정이 없거나 불분명한 경우에는 연대보증인 각자의 균등한 비율에 의하는 것임.

09

제가 소유한 부동산을 타인에게 공짜로 사용하게 해주면 증여세가 부과되나요?

상황

> A는 곧 결혼하는 자녀 B의 신혼생활을 지원하기 위해서, 본인이 소유한 아파트 중 하나를 자녀 B가 이용하도록 할 예정이다. 따로 보증금이나 월세를 받을 생각은 없어서 무료로 사용하게 할 생각인데 혹시 세무적인 문제가 없을지 궁금하다.

Q 제가 소유한 부동산을 무상으로 임대해 주면 증여세가 부과되나요?

A 부동산을 무상으로 사용하는 자는 **부동산 무상사용에 따른 임대료 상당액만큼 무상이익을 얻는 것이므로 증여세가 부과되는 것이 원칙입니다.** 하지만 그 무상이익이 얼마인지 등에 따라 증여세가 부과되지 않을 수도 있습니다.

부동산을 무상으로 사용하면 증여세가 부과된다?

「상속세 및 증여세법」에서 "증여"란 일반적인 재산의 무상 이전 뿐만 아니라, 무상으로 이전받은 이익도 과세대상에 포함하고 있습니다. 보통 부동산을 사용(임차)할 경우 소유자인 임대인에게 임대료를 지급하는 것이 일반적이지만, **무상으로 부동산을 사용(임차)할 경우 임대료를 지급하지 않음으로써 그만큼 사실상 무상이익을 얻은 것이 되므로 증여세의 과세대상에 해당합니다.**

👆 저가의 부동산을 무상으로 사용해도 증여세가 부과될까?

타인의 부동산을 무상으로 사용함에 따라 이익을 얻은 경우에는 그 무상사용을 개시한 날을 증여일로 하여 그 이익에 상당하는 금액을 부동산 무상사용자의 증여재산가액으로 보아 증여세를 부과합니다. **하지만 무상사용에 따른 임대료 상당액만큼의 이익이 "일정 기준금액"에 미달하는 경우에는 증여세를 부과하지 않습니다.** 여기서 **"일정 기준금액"이란 1억 원**을 말하기 때문에 부동산 무상사용에 따른 이익이 1억 원 미만이라면, 부동산을 무상으로 사용했더라도 증여세가 부과되지 않는 것입니다.

이때 **무상사용에 대한 이익은 "부동산가액에 2%와 3.79079"를 곱하여 산정한 금액**을 말하고, 여기서 부동산가액이란 해당 부동산의 시가를 의미합니다. 따라서 이렇게 계산한 무상사용 이익이 1억 원에 미달하면 증여세를 부과하지 않고, 그 이상이라면 증여세가 부과되는 것입니다.

예를 들어서 ① 부동산가액이 13억 원인 부동산을 무상으로 사용할 경우, 무상사용 이익은 약 9,856만 원(13억 원×2%×3.79079)이 되어 1억 원에 미달하므로 증여세가 부과되지 않습니다. ② 반면에 부동산가액이 14억 원인 경우에는 무상사용 이익이 약 1억 614만 원(14억 원×2%×3.79079)이 되어 1억 원 이상이므로 증여세가 부과됩니다. **즉, 시가가 13억 원 이하인 부동산을 무상으로 사용하더라도 증여세는 부과되지 않는 것입니다.**

부동산가액(시가)	무상사용 이익	과세여부
13억 원	약 9,856만 원 (13억 원×0.02×3.79079)	기준금액 미만이므로, 과세 제외
14억 원	약 1억 614만 원 (14억 원×0.02×3.79079)	기준금액 이상이므로, 과세

부모님과 같이 사는 주택의 경우도 부동산 무상사용으로 볼까?

부모가 소유한 아파트 등의 주택에서 자녀가 같이 살고 있을 때는 자녀에게 부동산 무상사용에 따른 증여세가 부과될까요? 또는 자녀가 소유한 주택에서 부모를 모시고 살고 있을 경우는 어떻게 될까요? 분명 둘 다의 경우, 무상거주로 인한 이익을 얻은 것이기 때문에 증여의 개념에 포함되는 것은 맞습니다.

하지만 일반적인 상식과 사회적 관행에는 부합하지 않는다고 느낄 것입니다. 「상속세 및 증여세법」에서도 실생활에서의 관행을 반영하여, 부동산을 무상으로 사용했더라도 "그 부동산 소유자와 함께 거주하는 주택"에 대해서는 증여세를 부과하지 않도록 규정하고 있습니다. 따라서 해당 아파트 등의 주택 가격이 얼마인지에 상관없이, 그 소유자와 가족들이 함께 해당 주택에서 거주하는 경우에는 부동산 무상사용에 따른 증여세를 부과하지 않는 것입니다.

👆 관련 법령 등

「상속세 및 증여세법」 제37조 제1항

10 부동산 무상사용 기간이 5년이 되지 않으면 당초에 냈던 증여세를 돌려받을 수도 있나요?

상황

A는 부모 B가 소유한 시가 20억 원의 아파트에서 2025년부터 독립해서 거주하고 있고, 따로 B에게 임대보증금이나 월세를 지급하지 않았다. 부모 B는 향후 5년 이내에 해당 아파트를 A에게 증여할 예정이다.

Q 부동산 무상사용으로 인한 증여세를 이미 신고·납부했는데요, 무상사용한 지 5년이 되기 전에 해당 부동산을 증여받았습니다. 이때 기존에 냈던 증여세를 돌려받을 수 있나요?

A 그 사유가 발생한 날부터 **3개월 이내에 경정청구를 통해** 미사용 기간에 해당하는 증여세를 환급받을 수 있습니다.

부동산 무상사용 이익은 5년 치를 한 번에 계산해서 부과한다?

타인의 부동산(그 부동산 소유자와 함께 거주하는 주택은 제외)을 무상으로 사용함에 따라 이익을 얻은 경우에는 **그 무상사용을 개시한 날을 증여일로 하여 "그 이익에 상당하는 금액"(임대료 상당액)을 부동산 무상사용자의 증여재산가액으로 하여 증여세를 부과**합니다.

이때 "그 이익에 상당하는 금액"은 부동산가액(시가)에 2%와 3.79079를 곱한 금액으로 산출하며, 그 금액이 1억 원 이상이면 증여세를 부과하고 미만이라면 증여세를 부과하지 않습니다.

여기서 "그 이익에 상당하는 금액"을 산출하는 구조를 이해해 보면, 먼저 부동산가액(시가)에 2%를 곱해서 해당 부동산을 임대해서 받을 수 있는 **연 임대료 정도의 금액을 산출**하고, 다시 여기에 3.79079를 곱해서 **향후 5년 동안** 이 정도의 연 임대료가 발생할 것을 가정하여 **현재가치로 계산한 합계금액**을 의미합니다. 즉 부동산 무상사용 이익에 대한 증여세는 무상사용이 끝나는 시점이 아니라 **"무상사용을 시작한 시점"에 미리 부과한다**는 특징이 있고, 증여재산가액은 1년 치의 임대료 상당액을 계산하는 것이 아니고 **"향후 5년 동안 무상으로 사용할 것을 가정하여"** 5년 치의 임대료 상당액을 계산하여 부과한다는 특징이 있습니다.

무상사용 후 5년이 지나기 전에, 해당 부동산을 증여받는 등의 사유로 더 이상 무상사용하지 않게 된 경우에는?

부동산 무상사용 이익에 대한 증여세 과세는 향후 5년 동안의 무상

이익을 계산하여 무상사용을 개시한 시점에 먼저 과세하고, **이후 "일정한 사유"가 발생하여 해당 부동산을 무상으로 사용하지 않게 된다면 그 미사용 기간에 대한 증여이익을 경감해 줍니다.**

여기서 "일정한 사유"란 무상사용자(임차인)가 부동산을 상속·증여받거나, 해당 부동산 소유자가 사망한 경우 등 이와 유사한 경우로서 무상으로 사용하지 아니하게 되는 경우를 말합니다. **이렇게 "일정한 사유"가 부동산 무상사용 시점부터 5년 이내에 발생하면, 그 사유가 발생한 날부터 3개월 이내에 경정청구를 통해 그 미사용 기간에 해당하는 증여이익에 대한 증여세를 환급받을 수 있습니다.**

👆 무상사용이 조기에 종료되면 증여세를 얼마나 돌려받을 수 있을까?

무상사용 후 5년이 지나기 전에, 부동산을 무상으로 사용하지 않게 된 경우에는 그 사유가 발생한 날부터 3개월 이내에 경정청구를 통해 당초에 냈던 증여세 중 일부를 환급받을 수 있습니다. **이때 "경정으로 환급받을 증여세액"은 증여세 산출세액에, 부동산 무상사용기간의 월수(60개월) 중 해당 사유발생일부터 부동산 무상사용기간의 종료일까지의 월수(무상사용을 하지 않는 기간에 대한 월수)가 차지하는 비율을 곱하여 계산합니다.** 이때 월수는 역에 따라 계산하되, 1개월 미만의 일수는 1개월로 보아 계산하면 됩니다.

예를 들어서 부동산 무상사용에 따라 발생한 증여세 산출세액은 1억 원, 무상사용을 하지 않는 기간에 대한 월수가 총 24개월이라면 경정 청구를 통해 4,000만 원(1억 원 × 24개월/60개월)의 증여세를 환급 받을 수 있습니다.

경정으로 환급받을 증여세액

$$증여세\ 산출세액 \times \frac{사유발생일부터\ 부동산\ 무상사용기간의\ 종료일까지의\ 월수}{60개월}$$

관련 법령 등

「상속세 및 증여세법」 제37조 제1항, 「상속세 및 증여세법」 제79조 제2항

서면인터넷방문상담4팀-1392, 2004.09.06.

회신 부동산 무상사용에 따른 이익의 증여 규정을 적용함에 있어 토지와 건물의 소유자가 서로 다른 경우로서 각각 상대방의 토지와 건물을 사용하는 대가로 지급하여야 할 임대료상당액과 각자의 토지와 건물을 사용하게 함으로써 받아야 할 임대료상당액을 서로 상계하기로 약정한 경우에는 부동산을 무상으로 사용한 것으로 보지 아니함.

부동산을 무상으로 사용하면 증여세가 부과된다고 해서, 저렴하게 임차해서 사용하려는데 이 경우에도 증여세 문제가 발생할까요?

상황

A는 개원을 준비하고 있는 의사이다. 개원장소로 쓸 사업장은 부모 B가 소유한 상가 중 일부 층을 사용할 예정이고, 주변 시세보다는 저렴하게 임대료를 정하여 지불할 생각이다.

Q 타인의 부동산을 시세보다 낮은 대가를 지급하고 이용했을 때에도 증여세 문제가 발생할까요?

A 타인의 부동산을 무상으로 이용하는 경우는 물론이고, **시가보다 낮은 대가를 지급하고 이용하는 경우에도 저가 사용에 따라 절감한 임대료 상당액만큼은 무상이익을 얻은 것으로 보아 증여세가 부과될 수 있습니다.**

타인의 부동산을 무상으로 사용할 때만 증여세가 부과된다?

타인의 부동산(그 부동산 소유자와 함께 거주하는 주택과 그 부수토지는 제외한다)을 **무상으로 사용함에 따라** 이익을 얻은 경우에는 그 무상사용을 개시한 날(증여일)에 그 이익에 상당하는 금액을 부동산 무상사용자의 증여재산가액으로 하여 증여세가 부과되고, 이때 무상사용에 따른 이익은 해당 부동산 가액에 2%와 3.79079를 곱하여 계산합니다. 이는 해당 무상사용에 따라 **향후 5년 동안 얻을 이익을 한 번에 계산하여 증여세를 부과한다**는 의미입니다.

이와 더불어 **타인의 부동산을 시가보다 낮은 대가를 주고 임차하여 사용하는 경우, 그 시가와 대가의 차액만큼 임대료 상당액을 절감하여 무상이익을 얻은 것이므로 증여세가 부과될 수 있습니다.** 즉, 타인의 부동산을 무상으로 사용한 경우 뿐 아니라 저가로 사용한 경우에도 무상이익을 얻은 것으로 보아 증여세가 부과될 수 있는 것입니다.

부동산을 시가보다 저렴하게 이용하면 항상 증여세가 부과된다?

원칙적으로 시가보다 낮은 대가를 지급하고 부동산임대 용역을 제공받은 경우에는 시가와 대가와의 차액만큼 증여재산가액으로 보아 증여세가 부과됩니다. **다만, 그 차액(시가-대가)이 시가의 30%보다 미달한 경우에는 증여세를 부과하지 않습니다.**

예를 들어서 월 임대료의 시가가 100만 원인 부동산을 80만 원에 이용하였다면 시가보다 저가로 임대용역을 제공받은 것은 맞지만, 시가와 대가와의 차액인 20만 원이 시가의 30%인 30만 원에 미달하기 때문에 증여세가 부과되지 않습니다.

👆 부동산 임대용역의 시가 산정 방법은?

시가보다 낮은 대가를 지급하고 부동산 임대용역을 제공받으면 증여세가 부과될 수 있는데, **여기서 "부동산 임대용역(임대료)의 시가"란 해당 거래와 유사한 상황에서 불특정다수인 간 통상적인 지급대가를 의미합니다.** 예를 들이시 해딩 부동산을 제3자에게 임대하년서 제셜한 보증금이나 월 임대료 등이 있다면 해당 보증금과 월 임대료가 시가에 해당할 가능성이 큽니다.

하지만 실무적으로 이러한 임대료의 시가가 불분명한 경우가 대부분인데, 이런 경우에는 "부동산가액에 1년간 부동산 사용료를 고려하여 정하는 율(연 2%)을 곱한 금액"을 해당 부동산 임대용역의 시가로 보게 됩니다. 예를 들어서 임대료의 시가가 불분명한 경우로서 부동산가액이 10억 원인 상가라면 해당 부동산을 1년 동안 임대했을 때의 임대료 시가는 2,000만 원(10억 원×2%)이 됩니다. 따라서 이 금액을 기준으로 실제 임대료와의 차이에 대해서 증여세가 부과되는 것입니다.

구분		부동산 임대용역(임대료)
시가	원칙	해당 거래와 유사한 상황에서 불특정다수인 간 통상적인 지급대가
	예외	부동산가액×2%
대가		지급한 연 임대료
과세기준		시가와 대가와의 차이가 시가의 30% 이상인 경우

보증금을 지급하고 있다면 대가는 어떻게 계산할까?

만약 임대보증금을 지급했다면, 해당 임대보증금에 3.1%를 곱하여 연 임대료를 환산하고, 이 금액을 지급한 임대료(대가)로 보아 시가와의 차이를 비교해서 증여세 부과 여부를 판단합니다.

예를 들어서 임대료의 시가가 불분명한 경우로서 부동산가액이 10억 원인 상가라면 위에서 본 바와 같이 1년 동안 임대했을 때의 임대료 시가는 2,000만 원이 됩니다. 만약 해당 상가를 보증금 2억 원에 월 임대료로 100만 원씩 지급하고 있다면, 보증금의 연 환산 임대료 상당액인 620만 원(2억 원×3.1%)과 본래 연 임대료인 1,200만 원(100만 원×12개월)을 합한 1,820만 원이 지급한 대가가 됩니다. 이 경우 시가와 대가와의 차이가 시가의 30%에 미달하므로 저가임대에 따른 증여세가 부과되지는 않습니다.

구분		부동산 임대용역
시가	원칙	해당 거래와 유사한 상황에서 불특정다수인 간 통상적인 지급대가
	예외	부동산가액×2%
대가		지급한 연 임대료 + 보증금의 3.1%
과세기준		시가와 대가와의 차이가 시가의 30% 이상인 경우

관련 법령 등

「상속세 및 증여세법」 제37조, 「상속세 및 증여세법」 제42조

서면인터넷빙문싱담4딤-550, 2008.03.04.

회신 부동산임대용역의 대가를 시가보다 낮게 지급하거나 시가보다 높게 지급받음으로써 이익을 얻은 경우에는 「상속세 및 증여세법」 제42조(2010.01.01. 제9914호 개정 전 법률) 제1항 제2호의 규정에 의하여 증여세가 과세되는 것이며, (이하 생략)

재산세과-3954, 2008.11.25.

회신 특수관계에 있는 자의 부동산(당해 부동산 소유자와 함께 거주하는 주택과 그 부수토지를 제외한다)을 무상으로 사용함에 따라 이익을 얻은 경우, 당해 이익에 대하여는 「상속세 및 증여세법」 제42조의 규정(기타 이익의 증여 등, 2010.01.01. 제9914호 개정 전 법률)이 적용되지 아니함.

재산세과-110, 2011.03.02.

 임대보증금과 월 임대료를 동시에 받는 임대차계약인 경우, 시가와 대가를 비교하여 증여세 해당여부를 판단할 때 대가를 어떻게 산정해야 하는지

 '대가'에 당해 임대보증금의 대가는 임대보증금에 「법인세법시행령」 제89조 제4항 제1호의 규정에 의한 정기예금이자율을 곱하여 산출한 가액으로 하는 것임.

12 타인의 부동산을 무상으로 담보로 제공해서 대출을 받으면 증여세가 부과되나요?

👆 상황

A는 금융회사로부터 대출을 받으려고 하는데 담보로 제공할 만한 본인 소유의 재산이 없다. 그래서 부모 B의 아파트를 금융회사에 담보로 제공하고 대출받을 생각이다.

Q 타인 명의의 부동산을 금융회사에 담보로 제공하고 대출을 받을 경우, 담보제공자에게 아무런 대가를 주지 않아도 되나요?

A 무상으로 타인 명의의 부동산을 담보제공에 이용함으로써 이익을 얻었으므로 증여세가 부과되는 것이 원칙입니다. 다만, 그 이익이 얼마인지 등에 따라 증여세가 부과되지 않을 수도 있습니다.

👆 대출을 받을 때, 타인 부동산을 담보로 이용하고 대가를 지급하지 않는다면?

금융권 등에서 대출을 받기 위해서는 일반적으로 담보를 제공해야 자금 융통이 가능한데, 이때 대출을 받으려는 자가 본인 소유의 재산이 없어 담보를 제공할 수 없다면 대출이 불가능할 것입니다. 하지만 타인의 부동산을 무상으로 담보제공에 이용한다면, 자금을 빌린 자(차입자)는 본래 융통할 수 없었던 금전을 대출받아 사용하면서도 담보제공자에게 아무런 대가를 지급하지 않으므로 일종의 무상이익을 얻은 것으로 볼 수 있습니다.

따라서 **타인의 부동산을 무상으로 담보로 이용하여 금전 등을 차입함에 따라 이익을 얻은 경우에는 "그 부동산 담보 이용을 개시한 날"을 증여일로 하여 그 이익에 상당하는 금액을 부동산을 담보로 이용한 자의 증여재산가액으로 보아 증여세를 부과합니다.**

차입금에 대한 이자를 내고 있는데도 증여세가 부과된다?

부동산을 무상으로 담보로 이용하여 금전 등을 차입함에 따라 얻은 이익은 해당 차입금에 적정 이자율을 곱하여 계산한 금액에서 금전 등을 차입할 때 실제로 지급하였거나 지급할 이자를 뺀 금액으로 계산하고, 여기서 "적정 이자율"이란 연 4.6%를 의미합니다. 따라서 부동산을 무상으로 담보에 이용한다고 하더라도 **그 담보를 통해 빌린 차입금에 대한 이자가 연 4.6%로 계산한 금액과 같거나 크다면 증여로 얻은 이익은 없다고 보아 증여세가 부과되지 않습니다.**

또한 차입금에 대한 이자가 연 4.6%보다 낮다고 하더라도, **이렇게**

계산한 증여이익(차입금×4.6%-지급이자)이 연 1천만 원에 미달한다
면 부동산 무상 담보이용에 대한 증여세를 부과하지 않습니다.

증여이익 계산	증여이익 금액	증여세 부과 여부
(차입금×4.6%) – 지급이자	1천만 원 미만	과세제외
	1천만 원 이상	과세

👆 차입한 금액과 이자율에 따라 증여세 과세 여부는 달라진다?

위의 상황에서 A가 부모 B의 아파트(시가 20억 원)를 무상으로 담보
로 이용하여 **은행에서 10억 원을 차입했고 ① 은행에서의 이자율이 연
3%인 경우와, ② 연 4%인 경우 증여세 부과 여부를 살펴보겠습니다.**
먼저 ①의 경우 차입금에 적정 이자율을 곱한 금액은 4,600만 원(10억
원 × 4.6%)으로 계산되고 이에 대한 이자는 3,000만 원(10억 원 ×
3%)이 됩니다. 따라서 무상대출에 따른 증여이익은 1,600만 원(4,600
만 원 – 3,000만 원)이 되고 해당 금액이 1,000만 원 이상이므로 증여
세가 부과됩니다. 반면 ②의 경우 차입금에 적정 이자율을 곱한 금액은
동일하게 4,600만 원(10억 원 × 4.6%)이지만 이에 대한 이자는 4,000만
원(10억 원×4%)이 됩니다. 따라서 무상대출에 따른 증여이익은 600만
원(4,600만 원 – 4,000만 원)이 되고 해당 금액이 1,000만 원 미만이
므로 증여세가 부과되지 않습니다.

구분	① 차입이자율 3%	② 차입이자율 4%
무상이익	4,600만 원 (10억 원×4.6%)	4,600만 원 (10억 원×4.6%)
지급이자	3,000만 원 (10억 원×3%)	4,000만 원 (10억 원×4%)
증여이익	1,600만 원 (4,600만 원−3,000만 원)	600만 원 (4,600만 원−4,000만 원)
과세여부	과세	과세제외 (과세미달)

관련 법령 등

「상속세 및 증여세법」 제37조 제2항, 「상속세 및 증여세법 시행령」 제31조의4 제1항

기획재정부재산세제과−158, 2018.02.27.

회신 내국인이 「상속세 및 증여세법」 제71조에 따른 연부연납 시 특수관계인이 소유하는 재산을 납세담보로 제공하는 것은 증여세 과세대상에 해당하지 아니하는 것임.

13

가족한테 돈을 빌릴 때도 증여세를 신경 써야 하나요?

상황

A는 아파트 매수자금 마련을 위해 금융권 대출을 알아봤는데 현재 대출 이자율이 너무 높아서 부담스러운 상황이다. 그래서 고민하던 중 부모인 B에게 5억 원을 빌리고 나머지는 본인이 갖고 있는 돈으로 자금을 마련할 생각이다.

Q 부모님께 돈을 빌려서 부동산을 매수할 때, 주의해야 할 점이 있나요?

A **무상으로 빌리거나 적정 이자율보다 낮은 이자율로 빌린 경우**, 절감한 이자금액 상당액만큼 무상이익을 얻은 것이므로 증여세가 부과될 수 있습니다.

돈 빌릴 때도 증여세가 부과될 수 있다?

타인에게 돈을 빌리는 경우 사용료의 일환으로 이자를 지급하는 것이 일반적이지만, 가족에게 돈을 빌리는 경우에는 이자를 지급하지 않거나 지급하더라도 낮은 이자율로 책정하여 지급하는 경우가 많습니다.

이렇게 금전을 무상대출 혹은 저리 대출받은 경우 차입자의 입장에서는 금전 등 재산을 직접 증여받는 것은 아니지만, **금전사용에 대한 대가인 이자를 지급하지 않거나 조금만 지급함으로써 일반적인 금전 대여거래에서 지급했어야 할 적정 이자금액과의 차액만큼 경제적 이익이 발생하기 때문에 이를 무상이익으로 보아 증여세를 부과합니다.**

증여세 문제가 없으려면 이자를 얼마나 줘야 할까?

타인으로부터 금전을 무상으로 또는 적정 이자율보다 낮은 이자율로 대출받은 경우에는 그 금전을 대출받은 날에 **"적정 이자금액"과 "실제 지급한 이자 상당액"을 뺀 금액을, 대출받은 자의 증여재산가액으로** 보아 증여세를 부과합니다.

여기서 "적정 이자금액"이란 대출금액에 적정 이자율인 4.6%를 곱한 금액을 말합니다. 즉 ① 무상으로 대출받은 경우에는 대출금액의 4.6%를 곱한 금액이 곧 증여재산가액이 되는 것이고, ② 저리로 대출받은 경우에는 대출금액의 4.6%를 곱한 금액에서 실제로 지급한 이자 상당액을 뺀 금액이 증여재산가액이 됩니다. **따라서 가족 간에 돈을 빌릴 때 이자율을 4.6%로 책정하여 이자를 지급한다면** 무상으로 얻은 이익은 없는 것이 되어 증여세가 부과되지 않습니다.

구분	증여이익 계산
무상으로 대출받은 경우	대출금액 × 4.6%
저리로 대출받은 경우	(대출금액 × 4.6%) – 실제 지급한 이자상당액

적정 이자를 주지 않으면 항상 증여세가 부과될까?

타인으로부터 금전을 무상 또는 저리로 대출받은 경우에는 적정 이자금액과의 차액에 대해 증여세가 부과되는 것이 원칙이지만, **그 차액(무상이익)이 1천만 원에 미달하는 경우에는 증여세를 부과하지 않습니다.**

위의 상황에서 부모로부터 5억 원을 빌리면서 ① 무이자로 대출받은 경우에는 증여이익이 2,300만 원(5억 원×4.6%)이 되어 1,000만 원 이상 이므로 증여세가 부과됩니다. 또한 ② 이자를 지급한다고 하더라도 이자율을 연 2.5%로 설정하는 경우에는 증여이익이 1,050만 원(5억 원×4.6% – 5억 원×2.5%)이 되어 마찬가지로 1,000만 원 이상이므로 증여세가 부과됩니다. 하지만 ③ 이자율을 연 2.7%로 설정하는 경우에는 증여이익이 950만 원(5억 원×4.6% – 5억 원×2.7%)이 되어 1,000만 원에 미달하므로 증여세가 부과되지 않습니다.

즉 금전 무상대출 등에 따른 증여세를 과세할 때 그 증여이익이 면세점인 1,000만 원에 미달하면 증여세를 과세하지 않고, 1,000만 원 이상이면 차감해 주는 금액 없이 해당 금액 전부에 대해 증여세가 과세되는 것입니다.

5억 원 대여 시	① 무이자 대여	② 연 2.5% 저리대여	③ 연 2.7% 저리대여
증여이익	2,300만 원 (5억 원×4.6%)	1,050만 원 (5억 원×4.6% – 5억 원×2.5%)	950만 원 (5억 원×4.6% – 5억 원×2.7%)
증여세 과세여부	과세	과세	과세제외
증여재산가액	2,300만 원	1,050만 원	–

🖐 금전 대여기간을 따로 설정하지 않으면?

금전 무상대출 등에 따른 증여이익은 구체적인 대출기간이 정해지지 아니한 경우에는 그 대출기간을 1년으로 보고, 대출기간을 정했으나 그 기간이 1년 이상인 경우에는 1년이 되는 날의 다음 날에 매년 새로 대출받은 것으로 보아 해당 증여재산가액을 계산합니다. **즉 금전 무상 대출 등에 따른 이익에 대한 과세는 "1년 단위"로 과세하는 것입니다.**

🖐 여러 해에 걸쳐서 금전을 무상대여 했다면, 무상대출에 따른 증여이익 전부를 합산한 후에 1천만 원 미만인지 판단한다?

금전 무상대출 등에 따른 이익은 그 금전을 대출받은 날을 증여일로 하여 1년 단위로 계산하고, 이 금액이 면세점인 1천만 원에 미달하는 경우에는 증여세를 부과하지 않습니다.

이때 그 대출기간이 여러 해에 걸쳐서 계속되는 경우에는 여러 해 동

안 발생한 총이익을 기준으로 1천만 원에 미달하는지를 판단하는 것은 아니고, "1년 단위"로 계산한 금액만을 기준으로 1천만 원에 미달하는지를 판단하는 것입니다.

예를 들어서 5억 원을 연 2.7%의 저리로 총 5년 동안 대출받은 경우 5년 동안 정리대출로 얻은 증여이익은 총 4,750만 원(950만 원×5년)이므로 면세점인 1천만 원 이상이 됩니다. 하지만 1년 단위로 계산한 증여이익은 매년 950만 원이고 이 금액이 면세점인 1천만 원에 미달하므로, 전체 대출기간 동안 발생한 총증여이익의 규모와 상관없이 저리대출에 대한 증여세를 부과하지 않습니다.

구분	증여이익	증여세 부과 여부
1년차	950만 원 (5억 원×4.6% - 5억 원×2.7%)	과세제외
2년차	950만 원 (5억 원×4.6% - 5억 원×2.7%)	과세제외
3년차	950만 원 (5억 원×4.6% - 5억 원×2.7%)	과세제외
4년차	950만 원 (5억 원×4.6% - 5억 원×2.7%)	과세제외
5년차	950만 원 (5억 원×4.6% - 5억 원×2.7%)	과세제외
합계	4,750만 원	과세제외

「상속세 및 증여세법」 제41조의4

재산세과-623, 2009.03.25.

> **회신** 대부기간이 정하여지지 아니하여 그 대부기간을 1년으로 보고 증여세를 신고·납부한 후 대부기간이 1년이 되기 전에 대부금액을 상환한 경우에는 상환일까지 계산한 금액을 금전무상 대부이익으로 보는 것임.

서면-2016-상속증여-4687, 2018.06.21.

> **회신** 귀 질의의 거래가 금전소비대차에 해당하는지 여부는 계약, 이자지급사실, 차입 및 상환 내역, 자금출처 및 사용처 등 해당 자금거래의 구체적인 사실을 종합하여 판단할 사항이며, 타인으로부터 금전을 무상 또는 적정 이자율보다 낮은 이자율로 대출받은 경우에는 「상속세 및 증여세법」 제41조의4 제1항 각 호에 따라 계산한 가액을 대출받은 자의 증여재산가액으로 하는 것임. 다만, 그 가액이 1천만 원 미만인 경우에는 과세에서 제외하는 것이며, 「상속세 및 증여세법」 제47조 제2항에 따른 증여재산가액의 합산 규정도 적용하지 않는 것임.

14

부모님에게 목돈을 빌리려고 합니다. 전체 금액을 한 번에 빌리는 것 보다 나눠서 빌리면 증여세를 줄일 수 있나요?

상황

A는 사업자금으로 사용하기 위해 부모 B로부터 자금을 무상으로 빌릴 예정이다. 지인의 말로는 돈을 한 번에 빌리는 것보다 나눠서 빌리면 증여세를 줄일 수 있다고 한다. 그래서 총 6억 원을 빌릴 생각인데 한 번에 빌리지 않고 총 3회로 나눠서 2억 원씩 순차적으로 빌리려고 한다.

Q 같은 금액을 빌려도 한 번에 빌리는 것 보다 나눠서 빌리면 증여세를 줄일 수 있을까요?

A 금전 무상대출 등에 따른 이익은 여러 차례 나누어서 대출받은 경우 각각의 대출받은 날을 기준으로 계산하는 것이 원칙입니다. 하지만 **그 대출받은 날(증여일)부터 소급하여 1년 이내에 동일한 거래 등이 있는 경우에는 그 거래들을 합산하여 계산합니다.** 따라서 단순히 나눠서 빌린다고 해도 증여세를 줄일 수 있는 가능성은 낮습니다.

여러 차례 나눠서 대출받았다면?

금전무상 대출 등에 따라 얻은 이자상당액만큼의 이익[5]은 대출금액의 대출기간 경과여부 및 이자발생 여부를 확인하여 계산하는 것이 아니라, "대출받은 날"을 기준으로 계산하므로 대출시점에 즉시 금전대출에 따른 이익을 계산합니다. **따라서 금전을 수차례에 나누어서 대출받은 경우의 증여이익은 "각각의 대출받은 금액"을 기준으로 계산하는 것이 원칙입니다.**

위의 상황에서 6억 원을 1월 10일에 2억 원, 4월 10일에 2억 원, 7월 10일에 2억 원, 총 3회에 나눠서 무상으로 빌렸다면 각각의 대출받은 금액을 기준으로 증여이익을 계산합니다. 따라서 1월 10일을 기준으로 920만 원(2억 원×4.6%), 4월 10일을 기준으로 920만 원(2억 원×4.6%), 7월 10일을 기준으로 920만 원(2억 원×4.6%)이 되어 각각 면세점인 1천만 원에 미달하므로 무상대여에 따른 증여세가 부과되지 않는 것이 원칙입니다.

대출일자	대출금액	증여이익	과세여부
1월 10일	2억 원	920만 원 (2억 원×4.6%)	과세제외
4월 10일	2억 원	920만 원 (2억 원×4.6%)	과세제외
7월 10일	2억 원	920만 원 (2억 원×4.6%)	과세제외

5) 금전무상 대출 등에 따라 얻은 이자상당액만큼의 이익이란 대출금액에 적정이자율(4.6%)을 곱한 금액에서 실제 지급한 이자상당액을 차감한 금액을 말함. 단, 해당 이익이 1천만 원에 미달한 경우에는 증여세를 부과하지 않음.

👆 대출받은 날의 과거 1년 이내에 동일한 거래가 있었다면?

금전을 무상 또는 저리로 대출받은 경우 적정 이자금액과의 차액을 증여이익으로 보아 증여세를 부과하되, 해당 증여이익이 발생했다고 해서 항상 증여세를 부과하는 것은 아니고 면세점인 1천만 원 이상일 때에만 증여세를 부과한다는 특징이 있습니다.

이렇다 보니 증여이익이 면세점 이하로 계산되도록 할 목적으로 동일한 금전대여거래를 나눠서 할 유인이 생기게 되는데, **이러한 조세회피를 방지하기 위해서 대출받은 날(증여일)부터 소급하여 1년 이내에 동일한 금전 무상대출 등 거래가 있는 경우에는 각각의 금전 무상대출 등에 따른 증여이익을 합산하여 과세여부를 판단하게 됩니다.**

위의 상황에서 비록 여러 차례에 걸쳐 무상대출을 받아 각각의 금액을 기준으로 계산하면 면세점인 1천만 원 미만이지만, 모두 1년 이내에 동일한 대출거래가 있었으므로 이를 합산한 금액으로 판단하게 됩니다. 따라서 3차례에 걸쳐 발생하는 증여이익은 총 2,760만 원(920만 원×3회)이므로 면세점인 1천만 원 이상이기 때문에 증여세가 부과됩니다.

대출일자	대출금액	증여이익	과세여부
1월 10일	2억 원	920만 원 (2억 원×4.6%)	과세제외
4월 10일	2억 원	920만 원 (2억 원×4.6%)	과세제외

대출일자	대출금액	증여이익	과세여부
7월 10일	2억 원	920만 원 (2억 원×4.6%)	과세제외
1년 이내 합계	**6억 원**	**2,760만 원 (6억 원×4.6%)**	**과세**

👆 1년이 지난 후 추가로 무상대출을 받는다면?

무상대출을 받은 후 1년이 지나 추가로 무상대출을 받는다고 하더라도, 새롭게 대출받은 금액과 과거의 대출금액을 합산하여 증여세 과세 여부를 판단하게 됩니다. 왜냐하면 대출기간이 1년 이상인 경우에는 1년이 되는 날의 다음 날에 새로 대출받은 것으로 보기 때문입니다.

예를 들어서 2025년 1월에 2억 원을 무상으로 대출받고 1년이 지난 2026년 2월에 추가로 2억 원을 대출받는다고 가정해 보겠습니다. 이 경우 2025년 1월에 대출받은 금액은 1년이 되는 날의 다음 날인 2026년 1월에 새로 대출받은 것으로 간주됩니다. 따라서 2026년 2월에 2억 원을 추가로 대출받으면, 1년 이내(2026년 1월)에 빌린 2억 원과 합산되어 총 4억 원을 기준으로 증여세 부과 여부를 판단하게 됩니다.

대출일자	대출금액	증여이익	과세여부
2025년 1월	2억 원	920만 원 (2억 원×4.6%)	과세제외
2026년 1월 **(1년 후 새로 대출** **받은 것으로 봄)**	**2억 원**	**920만 원** **(2억 원×4.6%)**	**과세제외**

대출일자	대출금액	증여이익	과세여부
2026년 2월	2억 원	920만 원 (2억 원×4.6%)	과세제외
1년 이내 합계	4억 원	1,840만 원 (4억 원×4.6%)	과세

👆 관련 법령 등

「상속세 및 증여세법」 제41조의4, 「상속세 및 증여세법」 제43조

증여 추정과 증여 의제

01

가족끼리 부동산을 사고팔 때 시세대로 거래하면 증여세 문제는 없겠죠?

상황

5년 전 A는 5억 원에 상가를 매수했다. 하지만 주변 상권이 크게 위축되어 수익성이 크게 떨어져서 매도를 검토하고 있으나 매수자가 나타나지 않는 상황이다. 그래서 부모인 B에게 해당 상가를 매도하되 가격은 현재 시세를 반영하여 거래하고자 한다.

Q 가족한테 부동산을 팔 때 현재 시세대로만 거래하면 증여세 문제는 없겠죠?

A 아닙니다. **배우자나 직계존비속[6]에게 양도할 경우 시세대로 거래했더라도 일단 증여받은 것으로 추정하기 때문에 증여가 아님을 입증하지 못한다면 증여세가 부과될 수도 있습니다.**

---

6) "직계존비속"이란 본인을 기준으로 위·아래 세대의 직계혈족을 의미하며, 부모와 자식 간 또는 조부모와 손자녀 간 등의 관계를 말함.

👆 "증여받은 것으로 추정한다"에서 "추정"의 의미는?

"추정"이란 그 반대사실에 대한 증명이 있는 경우에는 그 추정이 번복되는 것을 의미합니다. 즉 **"증여받은 것으로 추정한다"**라는 것은 어떤 사실이 있을 때 그러한 사실만으로 **일단 증여가 있었다고 추정**하되, 해당 행위를 한 자가 해당 거래는 **증여가 아니라는 증명이나 입증을 한다면 증여가 아닌 것으로 보아** 증여세를 부과하지 않는다는 의미입니다. 반대로 **증여로 추정되는 어떤 사실이 있을 때 해당 행위자가 증여가 아니었음을 입증하지 못한다면 해당 행위에 대하여 증여세를 부과할 수 있습니다.**

👆 가족 간에 부동산 양수·도 거래를 하면 증여로 추정된다?

배우자 또는 직계존비속에게 양도한 재산은 양도자가 그 재산을 양도한 때에 그 재산의 가액을 배우자 등이 증여받은 것으로 추정하여, 이를 배우자 등의 증여재산가액으로 보아 증여세를 부과합니다. 긴밀한 친족관계에 있는 배우자나 직계존비속 사이에서는 조세부담의 회피라는 공통된 목적으로 외형적인 거래형식을 임의로 만들어 낼 유인이 크기 때문에 가족 간 양수·도 거래를 증여로 추정하는 것입니다.

이 경우 해당 거래는 증여로 추정되는 것일 뿐 곧바로 증여받은 것으로 간주(의제)하는 것은 아니므로, **거래 당사자인 양수자가 해당 거래가 증여가 아니었음을 반증(입증)할 경우에는 증여세가 부과되지 않습니다.**

👆 증여가 아니었음을 반증(입증)하는 방법은?

증여의 추정은 납세자의 반증이 없는 경우에 한하여 증여로 보는 것이므로, 거래당사자가 유상으로 양도한 사실이 입증된다면 증여에 해당하지 않습니다.

따라서 **배우자 등에게 대가를 받고 양도한 사실이 명백히 인정되는 경우**로서 ① 권리의 이전이나 행사에 등기 또는 등록을 요하는 **재산을 서로 교환**한 경우, ② 당해 재산의 취득을 위하여 **이미 과세(비과세 또는 감면받은 경우를 포함한다)**받았거나 신고한 소득금액 또는 **상속 및 수증재산의 가액**으로 그 대가를 지급한 사실이 입증되는 경우 및 ③ 당해 재산의 취득을 위하여 **소유재산을 처분한 금액**으로 그 대가를 지급한 사실이 입증되는 경우에는 이는 유상으로 거래한 것으로 보아 증여 추정이 적용되지 않습니다.

👆 금융회사 등에서 대출받은 금액으로 대가를 지급했다면?

만약 금융회사 등에서 대출을 받아서 대가를 지급한 경우에도 유상거래로 인정받을 수 있을까요? **세법에서 명시적으로 규정하고 있지 않지만 각종 예규와 판례 등을 참고했을 때 해당 대출금의 원금과 이자를 양수자가 부담하는 사실이 명백히 확인된다면, 이 경우에도 배우자 등에게 대가를 받고 양도한 사실이 명백한 경우로 보아 증여 추정이 적용되지 않을 것이라고 판단됩니다.** 하지만 과세관청과의 분쟁을 사전에 방지하기 위해서는 되도록 양수자 본인이 신고한 소득금액과 상속 및 증여받은 가액의 범위 내에서 거래할 것을 추천합니다.

만약 증여 추정에 따라 증여세가 부과되면, 증여세도 내고 양도세도 내야 될까?

부동산을 양도하는 경우에는 원칙적으로 양도자에게 양도차익(양도가액-취득가액 등)에 대한 양도소득세가 부과되며, 가족 간에 부동산을 양도한 경우에도 마찬가지로 "양도자"에게 양도소득세가 부과되는 것이 원칙입니다. 하지만 해당 거래가 증여 추정에 따라 증여거래로 확정되면 이때는 "양수사"에게 증여세가 부과됩니다.

이 경우 하나의 거래에 대하여 양도자에게는 양도소득세, 양수자에게는 증여세가 부과되는 것은 아니며, **해당 거래 자체를 양도 거래가 아닌 증여거래로 보는 것이므로 증여세만 부과되고 양도소득세는 부과되지 않습니다.** 만약 이미 양도소득세를 신고·납부했다면 경정청구를 통해 환급을 받아야 합니다.

관련 법령 등

「상속세 및 증여세법」 제44조, 「상속세 및 증여세법 시행령」 제33조

재삼 46330-1727, 1996.07.22.

> **회신** 직계존비속 간에 부동산을 양도함에 있어서 부동산을 서로 교환하거나 이미 과세(비과세, 감면 포함) 받았거나 신고한 소득금액 또는 상속·수증재산의 가액 및 소유재산의 처분금액으로 그 대가를 지출한 사실이 입증되는 때에는 증여로 보지 아니하고 양도로 보아 양도소득세 과세대상이 되는 것이며, "양도한 때"에 그 대가를 지출한 사실이 입증되는 때에 증여로 보지 아니하는 것으로 추후 지급하기로 한 경우는 이에 해당되지 아니함.

서면인터넷방문상담4팀-1729, 2004.10.27.

> **회신** 아버지로부터 취득한 토지를 담보로 하여 금융기관으로부터 차입한 금전을 아버지에게 지급하고 그 차입한 금전에 대한 원리금을 아들이 부담하는 사실이 명백히 확인되는 경우에는 그 차입한 금전은 양도대가에 포함되는 것임.

재산세과-359, 2009.09.30.

> **회신** 「상속세 및 증여세법」 제44조 제1항의 규정에 의하여 직계존비속에게 양도한 재산은 그 재산을 양도한 때에 증여한 것으로 추정하는 것이나, 직계존비속에게 대가를 지급받고 양도한 사실이 같은 법 시행령 제33조 제3항 각 호에 의하여 명백히 인정되는 경우에는 그러하지 아니하는 것임. 이 경우 그 거래실질이 "양도"에 해당하는지 "증여"에 해당하는지 여부는 계약내용과 금융자료 등에 의한 실제지급사실 및 자금출처관련 증빙, 차입한 금전에 대한 원리금의 실제부담자 등을 종합하여 사실판단할 사항임.

조세법률주의와 조세공평주의의 기본이념에 비추어 해석하면, 위 시행령 제33조 제3항이 증여의 추정이 번복되는 경우로 위 세 가지 경우만을 들고 있다 하여도 <u>이는 예시에 불과할 뿐 그 외의 경우라 하더라도 양수인이 상당한 대가를 지급하였다는 사실을 입증한다면 증여의 추정은 깨어진다고 하여야 할 것임.</u>

02

소득이 없는 전업주부가 고가의 부동산을 사면 증여세 문제가 발생하나요?

상황

A는 20대 후반에 결혼한 이후 30년 동안 현재까지 경제활동을 한 적 없는 전업주부이다. 최근 이사를 위해 아파트를 매수할 계획인데, 명의는 남편 B와 공동명의로 하려고 한다.

Q 부동산 등 고가의 재산을 매수할 때에도 증여세가 부과될 수 있나요?

A 재산을 **자력으로 취득하였다고 인정하기 어려운 경우**로서 **해당 재산 취득자금에 대한 출처의 소명이 되지 않을 경우**에는, 미입증된 금액을 증여받은 것으로 추정하여 증여세가 부과될 수 있습니다.

재산 취득자금을 증여받은 것으로 추정한다?

재산 취득자의 직업, 연령, 소득 및 재산 상태 등으로 볼 때 **재산을 자력으로 취득하였다고 인정하기 어려운 경우**에는 그 재산을 취득한 때에 **그 재산의 취득자금을 그 재산 취득자가 증여받은 것으로 추정하여** 이를 그 재산 취득자의 증여재산가액으로 보아 증여세가 부과됩니다.

어떤 사람이 유상으로 재산을 취득하였다면 그 사람은 그 재산 취득자금의 원천이 있게 마련인데, 이 원천은 본인의 소득이나 본래 가지고 있던 재산일 수도 있고 채무를 부담하거나 타인의 증여에 의한 것일 수도 있습니다. 이에 대하여 해당 재산을 취득한 자가 **해당 재산의 취득자금에 대한 납득할 만한 출처를 입증하지 못하면** 해당 취득자금은 증여받아 취득한 것으로 추정하여 증여세를 과세하는 것입니다.

👆 재산 취득자금에 대해 충분히 소명한다면?

현실적으로 배우자나 직계존비속(부모, 자녀 등) 등 가족끼리 금전 등을 증여하더라도, 과세관청 입장에서는 실시간으로 해당 증여사실을 파악하기란 쉬운 일이 아닙니다. 반면에 부동산 등 고가의 재산을 취득할 경우 관련 서류·기관 등을 통해 해당 사실을 비교적 쉽게 포착할 수 있기 때문에 이때 취득자금의 원천이 자력에 의한 것인지, 혹은 타인의 증여에 의한 것인지를 살펴보게 됩니다.

이 경우 ① **신고하였거나 과세(비과세 또는 감면받은 경우를 포함한다)받은 소득금액,** ② **신고하였거나 과세받은 상속 또는 수증재산의 가액,** ③ **재산을 처분한 대가로 받은 금전이나 부채를 부담하고 받은 금전으로 당해 재산의 취득에 직접 사용한 금액은 해당 취득자금의 적법한 출처로 인정되어** 해당 금액만큼은 증여받은 것으로 보지 않습니다.

따라서 이미 본인의 소득과 재산이 충분하다면 고가의 재산을 취득하더라도 증여세가 부과되지는 않는 것입니다.

자금 원천을 소명한 금액이 재산 취득금액보다 적다면, 미 소명한 금액만큼은 항상 증여세가 부과될까?

재산 취득자금의 100%를 전부 입증하기는 현실적으로 불가능할뿐더러, 과세당국 입장에서도 그 차이금액이 크지 않은 경우까지 세금부과를 위한 행정력을 동원할 경우 오히려 행정적인 비용이 더 많이 발생하는 비효율이 발생할 가능성이 큽니다.

이런 현실적인 측면을 고려하여 "일정한 경우"에는 재산취득자금에 대한 증여추정을 적용하지 않습니다. **여기서 "일정한 경우"란 재산취득자금 중 입증하지 못한 금액이, 재산취득자금의 20%와 2억 원 중 적은 금액에 미달하는 경우를 말하고 이에 해당한다면 취득자금 전부를 입증한 것으로 보아 증여추정을 적용하지 않습니다.** 쉽게 말해서 재산취득자금 중 대부분을 입증했다면, 일부 입증하지 못한 소액에 대해서는 문제 삼지 않겠다는 것입니다.

예를 들어서 10억 원의 재산을 취득하였고 이 중 본인의 자력으로 마련했다고 입증된 금액이 ① 9억 원인 경우에는 1억 원(10억 원-9억 원)이 미입증금액이 됩니다. 하지만 미입증금액 1억 원은 재산취득자금(10억 원)의 20%와 2억 원 중 적은 금액인 2억 원에 미달하므로 증여추정을 적용하지 않습니다. 반면에 ② 7억 원만 입증된 경우에는 3억 원(10억 원-7억 원)이 미입증금액이 되는데 이때 미입증금액 3억 원은 재산취득자금(10억 원)의 20%와 2억 원 중 적은 금액인 2억 원을 초과하므로 증여추정이 적용되어 증여세가 부과됩니다.

재산취득금액	입증금액	미입증금액	증여추정 여부
10억 원	9억 원	1억 원 (10억 원-9억 원)	과세 제외 [미입증금액이 Min(10억 원×20%, 2억 원) 미달이므로]
10억 원	7억 원	3억 원 (10억 원-7억 원)	과세 [미입증금액이 Min(10억 원×20%, 2억 원) 이상이므로]

증여추정에 따라 증여세가 부과되면 일정금액은 차감해 준다?

재산취득자금 중 미입증금액이, 재산취득자금의 20%와 2억 원 중 적은 금액 이상이라면 증여추정이 적용되어 증여세가 부과됩니다. **이 때 증여세 과세대상이 되는 이익 금액은 "해당 미입증금액 전액"이며, 별도로 일정금액을 차감하는 것은 아닙니다.**

예를 들어서 10억 원의 재산을 취득하였으나 미입증금액이 3억 원인 경우, 해당 미입증금액 3억 원은 재산취득자금(10억 원)의 20%와 2억 원 중 적은 금액인 2억 원을 초과하므로 증여추정이 적용됩니다. 이때 증여세는 해당 미입증금액 3억 원 전부에 대하여 부과되는 것이고, 별도로 2억 원(재산취득자금의 20%와 2억 원 중 적은 금액)을 차감한 1억 원에 대하여 과세하는 것이 아님에 유의해야 합니다.

저가의 재산을 살 때는 증여추정을 적용하지 않는 경우도 있다?

직업, 연령, 소득, 재산 상태 등을 고려했을 때 **재산취득자금이 "일정금액 이하"인 경우에는 재산 취득자금에 대한 증여 추정을 적용하지 않습니다.** 여기서 "일정금액 이하"인 경우란 재산취득일 전 10년 이내에 해당 재산 취득자금의 합계액이 5천만 원 이상으로서 연령·직업·재산상태·사회경제적 지위 등을 고려하여 국세청장이 정하는 금액을 말하며, 그 기준은 아래 표와 같습니다.

구분	취득재산		채무상환	총액한도
	주택	기타재산		
30세 미만	5천만 원	5천만 원	5천만 원	1억 원
30세 이상	1억 5천만 원	5천만 원	5천만 원	2억 원
40세 이상	3억 원	1억 원	5천만 원	4억 원

예를 들어서 45세인 사람이 2억 5천만 원의 주택을 취득한 경우, 해당 취득자금에 대한 증여 추정을 적용하지 않겠다는 의미입니다. 즉 연령 등을 고려했을 때 40세 이상인 사람은 일반적으로 3억 원 정도의 자산까지는 본인의 자력으로 충분히 취득할 수 있을 것으로 본다는 것이고, 이런 경우까지 증여세 부과를 위한 행정력을 투입할 실익이 없다

고 보는 것입니다.

🖐 관련 법령 등

「상속세 및 증여세법」 제45조 제1항, 「상속세 및 증여세법 사무처리
규정」 제42조

서일 46014-10766, 2003.06.12.

회신 취득자금 등이 직업·연령·소득·재산상태 등을 감안하여 국세청장
이 정하는 금액 이하여서 증여추정규정을 적용하지 아니하는 경우
취득자금 등은 10년 이내의 취득자금 등의 합계액에 의하는 것이
며, 재산취득자금 등의 80% 상당액 이상을 소명함으로써 증여추
정규정을 적용하지 아니하도록 규정한 같은 영 제34조 제1항 단서
의 규정은 재산취득 또는 채무상환이 있을 때마다 그 해당 여부를
판단하는 것임.

서면인터넷방문상담4팀-2535, 2007.08.30.

회신 금융기관으로부터 타인명의로 대출받았으나 그 대출금에 대한 이
자지급 및 원금 변제상황과 담보제공 사실 등에 의하여 사실상의
채무자가 그 재산취득자임이 확인되는 경우 당해 대출금은 재산취
득자금의 출처로 인정받을 수 있는 것이나, 귀 질의의 경우가 이에
해당하는지 아니면 타인이 대출받은 금전을 증여받은 것인지 여부
는 구체적인 사실을 확인하여 판단할 사항임.

서면인터넷방문상담4팀-1314, 2005.07.25.

회신 공동으로 취득하는 토지와 건물을 임대하고 수령한 임대보증금으로 당해 재산의 취득자금으로 사용한 경우 <u>자금출처로서 인정되는 임대보증금의 귀속은 실지 임대차계약 내용에 따라 그 귀속을 판정하는 것이며, 공동취득자 중 1인만이 임대차계약을 체결한 경우 당해 임대보증금은 임대차계약의 당사자에게 귀속되는 것으로 하는 것임.</u>

03

재산취득자금 중 대부분을 은행에서 대출받아 마련했습니다. 은행에서 빌린 돈은 적법한 자금출처로 인정되니까 앞으로 증여세 문제는 없겠죠?

👆 상황

A는 상가 취득을 하면서 취득금액의 80%는 은행에서 담보대출을, 나머지 20%는 본인이 지금까지 받은 근로소득으로 마련했다. 이후 2년 이내에 대출금 전부를 상환할 계획이다.

Q 재산을 취득할 때 금융권 채무로 자금 출처를 소명했으면 나중에 증여세로 문제될 건 없겠죠?

A 채무를 자력으로 상환하였다고 인정하기 어려운 경우로서 해당 채무 상환자금에 대한 출처의 소명이 되지 않을 경우에는, 미입증된 금액을 증여받은 것으로 추정하여 증여세가 부과될 수 있습니다. 따라서 재산을 취득하는 시점뿐만 아니라, **추후 재산 취득과 관련한 "채무를 상환하는 시점"**에도 해당 상환자금의 출처에 관한 소명이 필요합니다.

취득과 관련한 채무를 상환할 때에도 증여로 추정 될 수 있다?

채무자의 직업, 연령, 소득, 재산 상태 등으로 볼 때 **채무를 자력으로 상환(일부 상환을 포함)하였다고 인정하기 어려운 경우에는** 그 채무를 상환한 때에 **그 상환자금을 그 채무자가 증여받은 것으로 추정하여** 이를 그 채무자의 증여재산가액으로 보아 증여세가 부과됩니다.

재산을 취득하였을 때와 마찬가지로, 어떤 사람이 채무를 상환하였다면 그 사람은 그 상환자금의 원천이 있게 마련인데 이 원천은 본인의 소득이나 본래 가지고 있던 재산일 수도 있고 또 다른 채무를 부담하거나 타인의 증여에 의한 것일 수도 있습니다. 이에 대하여 **채무를 상환한 자가 해당 상환자금에 대한 납득할 만한 출처를 입증하지 못하면, 해당 상환자금은 증여받은 것으로 추정하여 증여세를 과세하는 것**입니다.

채무 상환자금에 대한 충분한 소명을 할 수 있다면?

일반적으로 채무를 부담하여 재산을 취득한 경우, 그 채무가 금융기관을 통해 발생된 것이고 관련 이자를 감당할 자력이 있다면 해당 채무금액은 적법한 취득자금 출처금액으로 인정됩니다. 따라서 이 경우라면 해당 재산을 취득할 당시에는 증여로 추정될 가능성이 매우 낮습니다.

하지만 이렇게 발생한 **채무는 언젠가 상환(변제)해야 하고, "그 상환**

하는 시점"에 채무자 본인의 자력으로 상환한 것인지 혹은 타인의 증여로 상환한 것인지 등을 살펴보게 됩니다.

이때 재산 취득자금에 대한 소명을 할 때와 마찬가지로, ① **신고하였거나 과세(비과세 또는 감면받은 경우를 포함한다)받은 소득금액, ② 신고하였거나 과세받은 상속 또는 수증재산의 가액, ③ 재산을 처분한 대가로 받은 금전이나 부채를 부담하고 받은 금전으로 당해 채무의 상환에 직접 사용한 금액**은 적법한 출처로 인정되어 증여받은 것으로 보지 않습니다.

채무 상환금액보다 소명한 자금 원천이 적다면, 그 차이만큼은 항상 증여로 추정되어 증여세가 부과된다?

채무 상환금액 중 미입증한 금액이, 상환금액의 20%와 2억 원 중 적은 금액에 미달하는 경우에는 상환금액 전부를 입증한 것으로 보아 증여추정을 적용하지 않습니다. 쉽게 말해서 채무 상환금액 중 대부분을 입증했다면, 일부 입증하지 못한 소액에 대해서는 문제 삼지는 않겠다는 것입니다.

예를 들어서 10억 원의 재산 취득자금 중 8억 원의 대출을 받았다가 추후 대출금 전액을 일시 상환했을 때 본인의 자력으로 상환한 금액이 ① 7억 원인 경우에는 1억 원(8억 원-7억 원)이 미입증금액이 되고, 해당 미입증금액 1억 원은 채무상환금액(8억 원)의 20%와 2억 원 중 적은 금액인 1억 6천만 원에 미달하므로 채무 상환자금에 대한 증여추정을 적용하지 않습니다. 반면에 ② 6억 원만 입증된 경우에는 2억 원(8억 원-6억 원)이 미입증금액이 되고, 해당 미입증금액 2억 원은 채무 상환금액(8억 원)의 20%와 2억 원 중 적은 금액인 1억 6천만 원을 초과하므로 증여 추정이 적용되어 증여세가 부과됩니다.

채무상환금액	입증금액	미입증금액	증여추정 여부
8억 원	7억 원	1억 원 (8억 원-7억 원)	과세 제외 [미입증금액이 Min(8억 원×20%, 2억 원) 미달이므로]
8억 원	6억 원	2억 원 (8억 원-6억 원)	과세 [미입증금액이 Min(8억 원×20%, 2억 원) 이상이므로]

증여추정에 따라 증여세가 부과되면 일정금액은 차감해 준다?

채무 상환금액 중 미입증금액이, 상환금액의 20%와 2억 원 중 적은 금액 이상이라면 증여추정이 적용되어 증여세가 부과됩니다. **이때 증여세 과세대상이 되는 이익 금액은 "해당 미입증금액 전액"이며, 별도로 일정금액을 차감하는 것은 아닙니다.**

예를 들어서 8억 원의 채무를 상환했는데 미입증금액이 2억 원인 경우, 해당 미입증금액 2억 원은 채무상환금액(8억 원)의 20%와 2억 원 중 적은 금액인 1억 6천만 원을 초과하므로 증여추정이 적용됩니다. 이때 증여세는 해당 미입증금액 2억 원 전부에 대하여 부과되는 것이고, 별도로 1억 6천만 원(채무상환금액의 20%와 2억 원 중 적은 금액)을 차감한 4천만 원에 대하여 과세하는 것이 아님에 유의해야 합니다.

👆 소액의 빚을 상환할 때는 증여추정을 적용하지 않는 경우도 있다?

직업, 연령, 소득, 재산 상태 등을 고려했을 때 **채무 상환자금이 "일정금액 이하"인 경우에는 상환자금에 대한 증여 추정을 적용하지 않습니다.** 여기서 "일정금액 이하"인 경우란 재무상환일 선 10년 이내에 해당 채무 상환자금의 합계액이 5천만 원 이상으로서 연령·직업·재산 상태·사회경제적 지위 등을 고려하여 국세청장이 정하는 금액을 말하며, 그 기준은 아래 표와 같습니다.

구분	취득재산		채무상환	총액한도
	주택	기타재산		
30세 미만	5천만 원	5천만 원	5천만 원	1억 원
30세 이상	1억 5천만 원	5천만 원	5천만 원	2억 원
40세 이상	3억 원	1억 원	5천만 원	4억 원

예를 들어서 45세인 사람이 2억 5천만 원의 주택을 취득하면서 4천만 원의 대출을 받았고 추후 해당 대출금을 상환할 경우, 그 상환금액에 대해서는 증여 추정을 적용하지 않겠다는 의미입니다. 즉 연령 등을

고려했을 때 40세 이상인 사람은 일반적으로 5천만 원 정도의 채무까지는 본인의 자력으로 충분히 변제할 수 있을 것으로 본다는 것이고, 이런 경우까지 증여세 부과를 위한 행정력을 투입할 실익이 없다고 보는 것입니다.

관련 법령 등

「상속세 및 증여세법」 제45조 제2항, 「상속세 및 증여세법 사무처리 규정」 제42조

서면-2017-상속증여-3206, 2018.07.20.

질의 공모주 청약을 위해 본인이 받은 대출금을 가족명의 계좌로 분산입금하여 청약하고 공모주를 미배정 받아 2일 후에 환불금을 받아서 대출금을 상환하는 경우 증여세 과세 여부

회신 실명이 확인된 계좌에 보유하고 있는 재산은 명의자가 재산을 취득한 것으로 추정하는 것이나 명의자가 차명재산임을 입증하는 경우에는 그러하지 않는 것으로 귀 질의가 이에 해당하는지는 사실판단할 사항임.

04 법인에 금전을 무상 대여해 주면, 그 법인의 주주에게 증여세 문제가 발생하는 경우도 있나요?

상황

A는 현재 제조업을 영위하는 법인 B를 경영하고 있고 그 법인 주식을 100% 소유하고 있다. 최근 원자재 값이 오르고 인건비도 많이 상승한 탓에 급하게 운영자금이 필요한 상황이다. 이에 A의 부모인 C는 법인 B에 자금을 무상으로 빌려줄 생각이다.

Q 자녀가 경영·소유한 특정법인에 자금을 무상으로 대여해 주면 주주인 자녀에게 증여세 문제가 발생할 수도 있나요?

A **특정법인의 주주인 자녀가 얻는 무상이익 상당액이 1억 원 이상인 경우에는 증여세가 부과될 수 있습니다.** 왜냐하면 자녀(주주)가 금전대여에 따른 무상이익을 직접적으로 얻는 것은 아니지만, 특정법인을 통해 간접적으로 무상이익을 얻는 것으로 보기 때문입니다.

👆 "특정법인"이란?

 "특정법인"이란 지배주주[7]와 그 친족(이하 "지배주주등"이라고 함)이 직접 또는 간접으로 보유하는 주식보유비율이 30% 이상인 법인을 말합니다. 예를 들어서 주주가 가족으로만 구성되어 있는 가족법인은 특정법인에 해당합니다. 일단 그 가족들 전부는 "최대주주 등"에 해당하고, 그 가족들 중 해당 법인에 대한 지분율이 가장 높은 사람은 "지배주주"에 해당합니다. 따라서 지배주주와 그 친족이 해당 법인의 주식을 100%(30% 이상) 소유하고 있으므로 특정법인에 해당하는 것입니다.

👆 특정법인에게 금전을 무상으로 대여하면 그 주주에게 증여세가 부과될 수 있다?

 특정법인이 지배주주 및 그 특수관계인으로부터 금전을 무상으로 대출받는 경우에는 그 거래를 한 날을 증여일로 하여 **"그 특정법인의 이익"**에 특정법인의 지배주주 등이 직접 또는 간접으로 보유하는 주식보유비율을 곱하여 계산한 금액을 그 특정법인의 지배주주 등이 증여받은 것으로 보아 증여세를 부과합니다. 여기서 **"그 특정법인의 이익"**이란 무상대여금액에 **4.6%를 곱한 금액**에서, **해당 이익에 대한 법인세 상당액을 차감한 금액**을 의미합니다.

---

7) "지배주주"란 해당 법인의 최대주주 등 중에서 그 법인에 대한 직접보유비율이 가장 높은 자가 개인인 경우에는 그 개인 등을 말하고, "최대주주 등"이란 주주 등 1인과 그의 특수관계인의 보유주식 등을 합하여 그 보유주식 등의 합계가 가장 많은 경우의 해당 주주 등 1인과 그의 특수관계인 모두를 말함.

예를 들어서 특정법인 A의 주식을 B가 70% 직접 소유하고 있고, B의 부모인 C가 특정법인 A에게 40억 원을 무상으로 대여할 경우, "그 특정법인의 이익"은 1억 8,400만 원(40억 원×4.6%, 차감하는 법인세 상당액은 없다고 가정)이 됩니다. 이에 대해 B는 특정법인의 주식을 70% 소유하고 있으므로 증여이익은 1억 2,880만 원(1억 8,400만 원×70%)이 되는 것입니다.

즉 금전 무상대여로 인한 경제적 효익을 직접적으로 누리는 당사자는 해당 특정법인이지만, **이렇게 특정법인을 통한 변칙증여를 차단하기 위해서 그 지배주주와 친족들이 간접적인 무상이익을 얻은 것으로 보아 증여세를 부과하는 것입니다.**

☞ 지배주주 등이 특정법인을 통해 얻은 간접적인 무상이익이 조금이라도 발생하면 항상 증여세가 부과된다?

특정법인이 지배주주 및 그 특수관계인과의 거래로 인해 무상이익을 얻은 경우에는 **"그 특정법인의 지배주주와 친족"이 얻은 무상이익이 1억 원 이상인 경우에만 증여세를 부과**하고 1억 원 미만인 경우에는 증여세를 부과하지 않습니다.

예를 들어서 특정법인 A의 주식을 B가 70% 직접 소유하고 있고, B의 부모인 C가 특정법인 A에게 30억 원을 무상으로 대여할 경우 "그 특정법인의 이익"은 1억 3,800만 원(30억 원×4.6%, 차감하는 법인세 상당액은 없다고 가정)이 됩니다. 이에 대해 주주인 B는 특정법인의 주식을 70% 소유하고 있으므로 증여이익은 9,660만 원(1억 3,800만 원×70%)으로 계산되지만, 해당 증여이익이 1억 원 미만이므로 증여세가 부과되지 않습니다.

特정법인의 주주인 본인이 특정법인에 금전을 무상 대여하여 본인으로부터의 간접적인 증여이익이 발생할 경우에는?

특정법인에 금전을 무상으로 대여한 자(증여자)가 그 특정법인의 주주인 경우에는 본인이 본인에게 간접적으로 증여한 결과가 생기는데, **이 경우 증여자이자 수증자인 본인에게는 특정법인과의 거래에 따른 증여이익이 발생한 것으로 보지 않습니다.**

예를 들어서 특정법인 A의 주식을 B가 100% 소유하고 있고 B가 해당 특정법인 A에게 금전을 무상으로 대여할 경우, 특정법인 A가 얻은 무상대여의 이익을 주주인 B도 간접적으로 누리게 됩니다. 즉, 무상으로 대여한 자이자 증여자는 B인데 그 간접이익을 얻는 수증자도 B인 상황인 것입니다. **하지만 이 경우에는 금전을 무상 대여한 증여자가 곧 특정법인의 주주로서 수증자가 되어 본인이 본인한테 증여하는 모순이 발생하기 때문에, 이에 대해서는 증여이익을 얻은 것으로 보지 않습니다.**

관련 법령 등

「상속세 및 증여세법」 제45조의5, 「상속세 및 증여세법 시행령」 제 34조의5, 「상속세 및 증여세법」 제34조의3 제1항, 「상속세 및 증여세법 시행령」 제19조 제2항

서면인터넷방문상담4팀-328, 2006.02.17.

회신 결손금이 있거나 휴업 또는 폐업 중인 법인(특정법인)의 주주 또는 출자자와 특수관계에 있는 자가 당해 특정법인에게 재산을 증여하는 경우 증여세 과세대상이 되는 것이며, 이때 특정법인에 증여한 자가 당해 특정법인의 지배주주에 해당하는 경우 본인으로부터의 증여에 해당하는 금액은 증여세 과세가액에서 제외하는 깃임.

서면인터넷방문상담4팀-508, 2008.02.29.

회신 특정법인의 주주전원이 동시에 그 소유주식 수에 비례하여 균등한 금액의 재산을 특정법인에 증여 등을 한 경우에는 증여세가 과세되지 아니하는 것임.

비과세되는 증여재산과 증여세 과세가액

국세청 출신 세무사가 쉽게 알려드립니다.
당신이 궁금해 하는 증여세의 모든 것

01

생활비나 교육비에 대해서는 증여세가 부과되지 않는다고 알고 있습니다. 그러면 할아버지가 손자녀의 유학자금을 지원해 줘도 문제가 없겠죠?

👆 상황

A는 현재 해외에서 유학 중이며 학업에만 전념하고 있다. 지금까지 유학생활에 필요한 생활비 및 교육비 등은 부모인 B에게 도움을 받아서 사용했는데, 앞으로는 조부모인 C로부터 유학자금을 받아 사용할 계획이다.

Q 할아버지가 손자녀를 위해서 유학자금을 지원해 주면 증여세 문제가 발생하나요?

A 부양의무자가 피부양자의 생활비 및 교육비를 지출한 경우에는 증여세가 비과세됩니다. 하지만 **일반적으로 조부모는 손자녀에 대한 부양의무가 없으므로 비과세를 적용받기 어렵습니다.** 또한 해당 손자녀가 자력으로 유학생활을 영위할 수 있는 상황인 경우에도 비과세를 적용받기 어렵습니다.

👆 생활비와 교육비에 대해서는 증여세를 부과하지 않는다?

　재산 등을 무상으로 이전받은 경우에는 증여세가 부과되는 것이 원칙이지만, 정책적·사회적 상황 등을 반영하여 **일정한 증여행위에 대해서는 비과세 대상으로 규정하여 증여세를 매기지 않습니다.**

　쉽게 접할 수 있는 대표적인 경우는 바로 **"사회통념상 인정되는 피부양자의 생활비 및 교육비"입니다.** 예를 들어서 부모가 미성년 자녀를 양육하면서 각종 생활비 등을 지출한 경우, 엄밀한 의미에서 자녀는 부모로부터 무상으로 지원을 받는 것이므로 개념상 "증여"에 해당하지만 이런 경우까지도 증여세를 부과하는 것은 일반상식에 부합하지 않기 때문에 증여세를 과세하지 않는 것입니다.

👆 생활비와 교육비로 사용하기만 한다면, 누구로부터 받았는지는 상관없다?

　생활비 및 교육비에 대해서 증여세가 비과세되기 위해서는 **부양의무가 있는 자가 피부양자에게 지출한 경우**여야 합니다. 「상속세 및 증여세법」에서 부양의무자와 피부양자가 누구인지에 대해서 구체적으로 규정하고 있지 않지만, 「민법」 등을 참고하면 기본적으로 직계혈족(부모와 자식, 조부모와 손자녀 등) 및 그 배우자 간에는 부양의무가 있다고 보고 있습니다.

따라서 부양의무가 인정되는 부모가 자녀에게, 또는 남편이 아내에게 생활비 등을 지출한 경우에는 증여세 과세대상에 해당하지 않는 것입니다. 반대로 부양의무가 없는 자로부터 생활비 등을 지원받은 경우에는 증여세 비과세 대상이 아니기 때문에 증여세가 부과될 수 있습니다. 예를 들어서 **부모가 경제력이 있는 상황이라면, 조부모는 그 손자녀(부모의 자녀)에 대한 부양의무가 인정되지 않습니다.** 즉, 자녀에 대한 1차적인 부양의무는 부모에게 있는 것으로 보아서 조부모에게는 부양의무가 있지 않다고 보는 것입니다.

경제적으로 여유가 있는 사람도 생활비, 교육비를 지원받으면 증여세가 비과세 된다?

부양의무가 있는 자가 피부양자에게 지출한 생활비 및 교육비에 대해서는 증여세가 비과세되는 것이지만, **그 피부양자가 자력으로 생활을 유지할 수 있는 경우까지 증여세를 비과세해 주는 것은 아닙니다.**

예를 들어서 부모가 자녀의 생활비 등을 지원했더라도, 해당 자녀 스스로가 경제활동 등을 통해서 소득이 발생하거나 본래 가진 재산이 많아 자력으로 생활을 유지할 수 있는 경우에는 부모로부터 부양을 받아야 하는 피부양자로 보지 않는 것입니다. 따라서 이 경우에는 부양을 받아야 할 피부양자의 생활비 및 교육비라고 볼 수 없기 때문에 증여세 비과세를 적용받을 수 없습니다.

생활비 및 교육비 명목으로 받았지만, 실제로는 다른 용도에 썼다면?

증여세가 비과세되는 생활비 및 교육비는 필요시마다 직접 이러한 비용에 충당하기 위하여 증여로 취득한 재산을 말하는 것이며, 생활비 또는 교육비의 명목으로 취득한 재산의 경우에도 **당해 재산을 예·적금 하거나 주식, 토지, 주택 등의 매입자금 등으로 사용하는 경우에는 증여세가 비과세되는 생활비 또는 교육비로 보지 않습니다.**

즉 생활비 및 교육비 명목으로 취득한 금전 등이 그 목적으로 사용되지 않고 다른 재산을 취득하기 위한 재원 등으로 사용된다면, 이는 비과세되는 생활비 및 교육비를 증여받은 것이 아니라 일반적인 금전을 증여받은 것으로 보아 증여세가 부과됩니다.

관련 법령 등

「상속세 및 증여세법」 제46조, 「상속세 및 증여세법 시행령」 제35조, 「민법」 제974조 및 제975조

재산세과-292, 2011.08.23.

회신 부양의무가 없는 조부가 손자의 생활비 또는 교육비를 부담한 경우는 비과세되는 증여재산에 해당하지 않는 것으로 귀 질의의 경우 조부가 손자를 부양할 의무가 있는지 여부는 부모의 부양능력 등 구체적인 사실을 확인하여 판단할 사항임.

서울행정법원-2020-구합-82185, 2021.07.13.

앞서 인정한 사실에 의하면, 이 사건 금원의 증여 당시 원고의 조부모인 피상속인에 우선하여 원고를 부양할 지위에 있는 원고의 부모에게 그 유학생활을 지원할 수 있는 경제적 능력이 충분하였고, 원고 스스로도 이미 피상속인으로부터 증여받은 현금과 잠원동 상가 임대수입 등으로 대학교 등록금, 생활비 등 유학경비를 감당할 수 있었을 것으로 보이는 데다가, 원고의 해외 유학경비를 통상적인 생활필요비로 보아야 할 특별한 사정도 발견할 수 없으므로, 이 사건 금원이 원고의 유학기간 중 생활비나 교육비로 사용되었더라도 '사회통념상 인정되는 피부양자의 생활비, 교육비'로서 증여세 비과세대상에 해당한다고 볼 수 없다. 〈이하 생략〉

재산 46014-131, 1999.01.22.

회신 민법상 부양의무자 사이의 생활비 또는 교육비로서 통상 필요하다고 인정되는 금품은 비과세되는 증여재산에 해당하는 것이며, 이 경우 생활비 또는 교육비는 필요시마다 직접 이러한 비용에 충당하기 위한 금품을 말하는 것으로서 생활비 또는 교육비의 명목으로 취득한 금품으로 정기 예·적금하거나 주식·부동산 등의 매입자금으로 사용하는 경우에는 증여세가 비과세되는 생활비 또는 교육비로 보지 아니하는 것임.

02 결혼 예정인 자녀의 신혼살림을 대신 사줘도 될까요?

A의 자녀 B는 3개월 후 결혼 예정이며, B는 그동안 모아놓았던 돈으로 신혼집을 장만하는 등 최대한 부모의 도움을 받지 않고 결혼을 준비하고 있다. A는 조금이나마 B의 부담을 덜어주기 위해서 신혼살림에 필요한 혼수용품을 대신 사주고 싶다.

Q 부모가 결혼하는 자녀를 위해 혼수용품을 사주면 증여세가 부과되나요?

A 혼수용품으로서 통상 필요하다고 인정되는 금품은 증여세가 비과세됩니다. 다만, 호화·사치용품이나 주택·차량 등은 비과세되는 혼수용품으로 보지 않으니 유의해야 합니다.

결혼생활을 위한 혼수용품은 증여세가 비과세된다?

"혼수용품"이란 결혼할 때 신랑·신부가 신혼살림에 쓰기 위하여 미리 장만하는 여러 가지의 물품 등을 의미합니다. 결혼 후에는 부모와 독립된 별도세대를 이뤄 생활을 하게 되고 이때 기초생활에 필요한 여러 가지 물품 등이 필요한데 세탁기, 냉장고 등의 가전제품과 침대, 식탁 등의 가구가 그 대표적인 예라고 할 수 있습니다.

이렇게 혼수용품으로서 통상 필요하다고 인정되는 금품을 지원받은 경우 해당 금품 등에 대해서는 증여세를 부과하지 않습니다. 따라서 결혼생활을 위한 혼수용품을 부모 등이 마련해 준다면 증여세 없이 자녀의 경제적 부담을 줄여줄 수 있습니다.

비과세되는 혼수용품에는 특별한 제한이 없다?

각자가 처한 상황에 따라 결혼생활에 필요물품의 종류는 다를 수 있지만, **증여세가 비과세되는 혼수용품은 일상생활에 필요한 가사용품에 한정 됩니다.** 따라서 사회통념상 일반적으로 누구나 다 필요로 할 것으로 인정되는 가사용품이 아닌, **호화·사치용품이나 주택·차량 등의 혼수는 그 자체가 증여의 수단이 되는 것이므로 비과세되는 혼수용품에 포함하지 않습니다.**

관련 법령 등

「상속세 및 증여세법」 제46조, 「상속세 및 증여세법 시행령」 제35조 제4항 제4호

회신 통상 필요하다고 인정되는 혼수용품은 일상생활에 필요한 가사용품에 한하며, <u>호화·사치용품이나 주택·차량 등을 포함하지 아니함.</u>

결혼식 때 받은 축의금을 신혼집 장만에 보탰는데, 나중에 이것 때문에 증여세가 부과될 수도 있나요?

🖐 상황

A와 B는 지난달 초에 결혼식을 올렸다. 결혼식에는 친인척, 친구, 직장 동료, 부모님의 지인 등 많은 하객들이 참석했고, 하객들로부터 축의금을 받았다. A와 B는 축의금으로 우선 결혼식장 비용 등을 우선 정산하였고 남은 축의금을 합쳐서 신혼집 장만에 보탰는데, 주변 지인들이 "축의금 받은 것도 증여세를 내야 한다."는 말을 듣고 걱정이 되기 시작했다.

Q 결혼식 비용 정산 후 남은 축의금으로 부동산 취득에 사용했다면, 나중에 증여세로 문제될 부분이 있을까요?

A 통상 필요하다고 인정되는 축의금은 원칙적으로 증여세가 비과세됩니다. 다만, 그 금액이 통상적인 범위를 벗어나 **너무 과다할 경우 및 혼주인 부모에게 귀속되는 축의금을 사용한 경우**라면 증여세가 부과될 수 있습니다.

결혼식 때 받은 축의금에 대해서는 증여세가 비과세된다?

기념품·축하금·부의금 기타 이와 유사한 금품으로서 통상 필요하다고 인정되는 금품은 증여세가 비과세됩니다. 따라서 **결혼식을 올리면서 받은 축의금에 대해서는 원칙적으로 증여세가 과세되지 않습니다.**

하지만 축의금 명목으로 받았다고 하더라도 **그 금액이 너무 과다하여 "통상 필요하다고 인정되는 범위"를 벗어난다면, 이는 비과세되는 축하금이 아닌 일반적인 금전 증여로 볼 가능성도 있습니다.** 「상속세 및 증여세법」에서는 축하금으로서 "통상 필요하다고 인정되는 범위"가 얼마인지 등의 구체적인 기준을 정한 바가 없기 때문에 개별 사안별로 그 적정범위를 따져봐야 합니다. 참고로 2001년도에 할머니가 외손녀에게 결혼 축하금으로 4백만 원을 지급했던 건에 대하여, 이는 통상 필요하다고 인정되는 범위 내의 축의금으로서 비과세된다고 인정한 사례[8]가 있으니 이를 참고하면 의사결정에 도움이 될 것으로 생각됩니다.

결혼식 축의금은 적법한 자금출처로 인정받을 수 있다?

재산 취득과정에서 취득자의 직업, 연령, 소득 및 재산 상태 등으로 볼 때 재산을 자력으로 취득하였다고 인정하기 어려운 경우, 해당 재산

---

8) 국심 2003부562, 2003.06.25.

취득자금에 대한 적법한 출처를 입증하지 못한다면 미입증금액에 대해서 증여세가 부과될 수 있습니다.

이때 **결혼식 축의금으로 받은 금액은 비과세 받은 수증재산의 가액에 해당하므로 적법한 출처금액으로 인정받을 수 있습니다.** 즉, 사회통념상 필요하다고 인정되는 범위 내에서 받은 축의금은 비록 결혼비용에 직접 사용(충당)하지 않았더라도 그 자체로 비과세되는 증여재산에 해당되고, 이를 다른 재산 취득에 활용하더라도 적법한 자금출처로 인정될 수 있습니다.

부모님 지인의 축의금을 내가 가져도 문제없을까?

일반적으로 결혼 축의금이란 우리 사회의 관행으로서 혼사가 있을 때 일시에 많은 비용이 소요되는 혼주인 부모의 경제적 부담을 덜어주려는 상부상조의 목적과, 결혼당사자의 결혼 그 자체를 기념하기 위한 축하의 성격 모두 갖고 있습니다.

이렇게 결혼 축의금은 ① 결혼 당사자인 신랑, 신부의 친구, 직장동료 등 그들과의 친분 관계에 기초하여 직접 건네진 것은 결혼 당사자들에게 귀속된다고 보지만, ② 그 외의 나머지는 혼주인 부모에게 귀속된다고 봅니다. **따라서 부모님의 지인 등이 건넨 축의금은 결혼 당사자가 아닌 부모에게 귀속되어 부모의 재산이 되는 것이고, 이를 자녀가 소유·사용하게 된다면 이는 부모로부터 금전 등을 증여받은 것으로 보아 증여세가 부과될 수 있습니다.**

「상속세 및 증여세법」 제46조, 「상속세 및 증여세법 시행령」 제35조

서울고등법원-2008-누-22831, 2010.02.10.

결혼 축의금이란 우리 사회의 전통적인 미풍양속으로 확립되어 온 사회적 관행으로서, 혼사가 있을 때 일시에 많은 비용이 소요되는 혼주인 부모의 경제적 부담을 덜어주려는 목적에서, 대부분 그들과 친분 관계에 있는 하객들이 혼주인 부모에게 성의의 표시로 조건 없이 무상으로 건네는 금품을 가리킨다고 할 것이어서, 그 중 신랑·신부인 결혼 당사자와의 친분 관계에 기초하여 결혼 당사자에게 직접 건네진 것이라고 볼 부분을 제외한 나머지는 전액 혼주인 부모에게 귀속된다고 봄이 상당하고 〈이하 생략〉

조심-2016-서-1353, 2017.02.08.

청구인의 결혼축하금 중 청구인의 친인척과 지인으로부터 받은 축의금은 청구인과의 친분 관계에 기초하여 청구인에게 직접 건네진 것이므로 증여세 과세대상에서 제외하나, 이를 제외한 나머지 축의금은 청구인의 부모에게 귀속되는 금액을 청구인이 증여받은 것이므로 〈이하 생략〉

부동산을 증여할 때 전세보증금 반환채무와 은행 대출금도 같이 넘기면 증여세가 줄어드나요?

🖱 상황

> A는 아파트를 세입자에게 전세로 임대해 주고 있고, 전세보증금은 6억 원이며, 해당 아파트를 취득할 당시 은행에서 대출받았던 대출금도 1억 원이 남아있는 상태이다. 해당 아파트의 시가는 현재 10억 원이고 이 아파트를 자녀 B에게 증여할 계획이다. 주변에서 듣기로는 "부담부증여"를 활용하면 증여세가 줄어든다고 하는데 어떤 내용인지 궁금하다.

Q "부담부증여"를 하면 단순 증여할 때보다 증여세가 줄어드나요?

A 맞습니다. **왜냐하면 수증자가 인수한 채무액은 증여재산가액에서 차감하여 증여세를 계산하기 때문입니다.** 다만, 증여자는 이전한 채무액만큼 유상으로 이전한 것으로 보아 양도소득세가 부과될 수 있습니다.

🖱 "부담부증여"(負擔附贈與)란?

흔히 우리가 말하는 "증여"란 어떤 대가를 받지 않고 **무상으로** 재산 등을 이전하는 것을 말하는데, 간혹 증여 형식으로 재산을 이전하면서 **그와 관련된 채무도 함께 넘기는 경우**가 있습니다.

이를 "부담부증여"라고 하며, 이러한 "부담부증여"는 증여계약을 체결하면서 증여자와 수증자 간의 약정에 의하여 **수증자에게 증여를 받는 동시에 일정한 부담(채무)을 지우도록 하는 것을 말합니다.** 예를 들어서 부동산을 증여받는 대신 그 부동산을 담보로 빌린 채무도 같이 인수하는 경우, 이는 단순히 재산만을 무상으로 받은 것이 아니라 채무도 함께 받은 것이므로 "부담부증여"에 해당합니다.

증여받을 때 채무도 인수하면 증여세가 줄어든다?

증여세는 수증자가 증여받은 가액에서, 그 증여재산에 담보된 채무(증여자가 해당 재산을 타인에게 임대한 경우의 해당 임대보증금채무를 포함)로서 수증자가 인수한 금액을 뺀 금액을 기준으로 부과됩니다. 즉 수증자가 "부담부증여"를 받은 경우, 진정으로 얻은 무상이익은 향후 변제할 채무부담금액을 차감해서 계산해야 된다는 것입니다.

위의 상황에서 시가 10억 원의 아파트를 증여받으면서 전세보증금 6억 원과 아파트 담보대출 1억 원의 채무도 같이 인수하는 경우에는, 실제로 수증자가 얻은 무상이익은 10억 원에서 향후 변제할 채무부담금액인 7억 원(전세보증금 6억 원+담보대출 1억 원)을 뺀 3억 원이 됩니다. 따라서 증여세는 이 3억 원에 대하여 부과되는 것입니다.

👆 "부담부증여"로 인정받기 위한 요건은?

「상속세 및 증여세법」에서 "부담부증여"로 인정받을 수 있는 요건을 명확하게 규정하고 있지 않지만, 해당 규정의 취지와 각종 예규 등을 참고하여 그 요건을 어느 정도 정리할 수 있습니다.

먼저 해당채무는 ① **증여일 현재 증여재산에 담보된 채무여야 합니다.** 즉 증여일 현재 존재하는 채무로서 해당 증여재산과 관련된 채무여야 하고, 이때 해당 재산을 타인에게 임대하면서 받은 임대보증금에 대한 채무도 담보된 채무에 포함됩니다. ② **해당 채무가 증여자 본인의 채무여야 합니다.** 따라서 증여자 외 제3자의 채무는 "부담부증여"로 인정되지 않습니다. ③ **해당 채무를 수증자가 반드시 인수해야 합니다.** 여기서 "인수"의 의미는 단순히 채무자의 명의만을 수증자의 명의로 변경하는 것이 아니라, 실질적으로 수증자가 그 인수한 채무에 대한 이자 및 원금을 변제해야 합니다. 반대로 증여계약서상 채무인수내용을 기재하지 않았더라도 실질적으로 수증자가 해당 채무에 대한 원리금 등을 변제함으로써 인수한 것이 인정된다면 적법한 "부담부증여"로 인정받을 수 있습니다.

👆 "부담부증여"한 증여자에게는 양도소득세가 부과된다?

부동산 등을 증여하면서 그와 관련된 채무도 같이 이전하는 "부담부증여"에 있어서, **수증자가 인수하는 채무액에 상당하는 부분은 그 자**

산이 사실상 유상으로 이전되는 것으로 보아 양도소득세가 부과됩니다. 증여자 입장에서는 "부담부증여"를 통해 재산을 이전하면, 원래 증여자 본인이 부담(변제)했어야 할 채무를 수증자에게 넘김으로써 더 이상 해당 채무를 갚아야 할 의무가 없어진 것이므로 일종의 유상이익을 얻었다고 보는 것입니다. 쉽게 말해서 증여자가 증여한 재산 중 일부는 사실상 본인의 채무를 변제하기 위한 대가성으로 넘겼다고 볼 수 있다는 것입니다.

따라서 **"부담부증여"를 하는 경우 "수증자"는 채무액만큼 증여세가 줄어드는 효과가 있지만, 반대로 "증여자"는 채무액만큼 유상으로 양도한 것으로 보아 양도소득세가 부과될 수 있음에 유의해야 합니다.**

부담부증여	증여세	양도소득세
증여자	–	양도소득세 부과 ("채무액"을 양도가액으로 보아 양도차익 계산)
수증자	증여세 부과 (증여재산가액–"채무액")	–

관련 법령 등

「상속세 및 증여세법」 제47조 제1항, 「상속세 및 증여세법 시행령」 제36조, 「상속세 및 증여세법」 제10조

조세법령운용과-696, 2022.06.29.

회신 「상속세 및 증여세법」 제47조 제1항에 따라 증여세 과세가액은 증여재산가액을 합친 금액에서 그 증여재산에 담보된 채무로서 수증자가 인수한 금액을 차감하는 것으로, 그 증여재산에 담보되지 않은 채무는 차감하지 않는 것임.

재재산 46014-37, 2002.02.15.

회신 근저당권이 설정된 부(父)의 재산 중 일부를 증여받으면서(동일 물건의 일부 지분을 증여받음) 부의 채무를 인수한 경우로서 부(父)의 채무를 자(子)가 인수하였음이 입증되는 경우에는 인수한 채무액을 증여재산가액에서 공제할 수 있는 것이나, 인수한 채무액에 상당하는 부분은 양도소득세가 과세되는 것임.

재산상속 46014-1912, 1999.10.29.

회신 토지의 소유자와 건물의 소유자가 다른 부동산에 사실상 임대차계약이 체결된 경우 증여재산에서 차감하는 채무액(임대보증금)은 임대보증금 등의 귀속이 구분되는 경우에는 그 귀속에 의하는 것이며, 그 귀속이 구분되지 아니한 경우에는 임대보증금을 토지와 건물의 시가 등의 비율에 따라 안분한 금액으로 공제하는 것임.

재산세과-635, 2009.03.26.

회신 약정서 등에 채무인수내용을 기재하지 아니하였더라도 사실상 자녀가 부모의 채무를 인수한 것이 확인되는 때에는 그 채무액을 증여재산가액에서 차감하는 것이나, 이에 해당하는지 여부는 구체적인 사실을 확인하여 판단할 사항임.

회신 「상속세 및 증여세법」 제47조 제1항에 의하여 증여받은 당해 재산에 담보된 증여자의 채무를 수증자가 인수한 사실이 입증된 때에는 증여재산의 가액에서 그 채무액을 공제한 금액을 증여세 과세가액으로 하는 것이나, 이 경우 수증자가 인수한 채무액이 증여재산가액을 초과하는 경우에는 당해 초과하는 금액은 채무면제 등에 따른 증여로 보아 수증자가 증여자에게 증여한 것으로 보는 것임.

05

아버지에게 금전을 증여받을 계획입니다. 이미 5년 전에 한번 증여받았던 적이 있는데요, 이렇게 10년 이내에 동일인으로부터 증여받은 내역이 있으면 증여세가 더 많이 부과되나요?

상황

A는 곧 결혼을 앞두고 있고, 10억 원에 신혼집을 매수하려고 한다. 매수자금은 그동안 본인이 모아놓았던 2억 원과 5년 전에 아버지로부터 증여받았던 2억 원, 그리고 나머지는 은행 대출로 충당할 계획이다. 만약 은행 대출이 많이 나오지 않아서 자금이 부족하면 그 부족금액은 아버지에게 다시 증여받아서 마련할 생각이다. 주변 지인의 말로는 "동일인에게 10년 동안 증여받은 금액이 있으면 이번에 증여받는 금액에 대해서는 증여세가 더 많이 나온다."는 말을 들었는데 이 말이 사실인지 궁금하다.

Q 과거 10년 이내에 동일인에게 증여받은 적이 있습니다. 이번에 또다시 증여를 받으면 증여세가 많이 부과되나요?

A 증여세는 증여를 받는 "수증자별"로, "증여행위가 있을 때"마다 증여세를 계산하여 부과하는 것이 원칙입니다. 하지만 **해당**

증여세는 "수증자별"로 "증여받은 때"마다 각각 계산하여 부과하는 것이 원칙이다?

증여세는 "수증자별"로, 그 수증자가 받은 증여재산금액을 기준으로 부과하는 것이 원칙이며, 증여자가 여러 명인 경우에는 그 "증여자별"로 증여한 금액을 기준으로 부과됩니다. 따라서 증여자가 여러 명이고 수증자가 1명인 경우, 수증자는 각 증여자로부터 증여받은 금액을 기준으로 각각 증여세가 부과되는 것입니다. 예를 들어서 아버지와 할아버지가 동일한 날에 각자 1억 원씩 자녀(손자녀) 1명에게 증여한다면, 원칙적으로 아버지로부터 증여받은 1억 원과 할아버지로부터 증여받은 1억 원에 대한 증여세를 각각 계산하여 신고·납부해야 하는 것입니다.

또한 증여세는 "증여행위가 있을 때"마다 그 증여받은 금액을 기준으로 부과하는 것이 원칙입니다. 따라서 여러 건의 증여가 시간을 두고 발생한 경우라면 각각의 증여 당시 증여금액을 기준으로 증여세를 부과하는 것입니다. 예를 들어서 아버지로부터 3개월 전에 9백만 원을 증여받았고 이번에는 5천만 원을 증여받았다면, 증여세를 계산할 때는 "각각의 증여받은 날"을 기준으로 증여받은 금액인 9백만 원과 5천만 원에 대한 증여세를 각각 계산하여 신고·납부해야 하는 것입니다.

👆 과거 10년 이내에 동일인으로부터 증여받은 적이 있다면?

증여세는 "수증자별"로 각각의 "증여받은 날"에 증여받은 금액을 기준으로 증여세를 계산하여 부과하는 것이 원칙이지만, **해당 증여일 전 10년 이내에 동일인으로부터 받은 증여재산가액을 합친 금액이 1천만 원 이상인 경우에는 그 가액을 합산하여 증여세를 계산합니다.** 예를 들어서 5년 전에 아버지로부터 1억 원을 증여받았고 이번에 2억 원을 추가로 증여받는 경우에는, 증여세 계산을 위한 증여금액은 이번에 증여받은 2억 원과 과거에 증여받았던 1억 원을 합친 3억 원을 기준으로 증여세가 부과됩니다.

기본적으로 증여세는 초과누진세율 구조[9]로 부과하기 때문에 증여금액이 크면 클수록 증여세 부담이 더 크게 증가합니다. 예를 들어서 1억 원까지는 10%의 세율이 적용되지만 1억 원을 초과한 5억 원까지는 20%의 세율이 적용되기 때문에, 한 번에 많은 금액을 증여받을 경우 더 높은 증여세율이 적용되어 세금부담이 크게 상승하게 됩니다. 이에 따라 같은 금액이라도 한 번에 증여하지 않고 여러 번 나눠서 증여하면 높은 누진세율이 적용되지 않기 때문에, **의도적인 분산 증여를 통해 고율의 누진세율 적용을 회피하고자 하는 유인이 생길 수 있습니다. 따**

---

9) 증여세율은 1억 원 이하는 10%, 1억 원 초과 5억 원 이하는 20%, 5억 원 초과 10억 원 이하는 30%, 10억 원 초과 30억 원 이하는 40%, 30억 원 초과분은 50%를 적용.

라서 이러한 조세회피를 방지하고자 동일인에 대해서는 10년 동안의 증여받은 금액을 합산하여 증여세를 부과하는 것입니다.

👆 과거 증여금액을 합산해서 다시 세금을 부과하면 이중과세에 해당한다?

과거에 증여받은 재산은 그 증여를 받은 시점에 증여세가 과세되었을 것이므로, 이를 합산하여 다시 증여세를 계산하여 부과한다면 이중과세 문제가 발생하게 됩니다. **따라서 이를 방지하기 위해 동일인으로부터 과거 10년 이내에 증여받은 금액이 있어서 합산하여 증여세가 부과되는 경우에는 그 합산한 증여재산금액에 대하여 납부하였거나 납부할 증여세액은 공제하여 이중과세를 조정합니다.**

예를 들어서 동일인으로부터 과거 10년 이내에 증여받은 금액이 1억 원이었고 이에 대한 증여세액이 1천만 원이었다고 가정해 보겠습니다. 이번에 추가로 1억 원을 증여받았다면 이를 합산한 2억 원에 대해서 증여세액을 계산하며, 이때 증여세액은 3천만 원이 발생합니다. 다만 이에 따라 실제로 납부해야 할 증여세액은 3천만 원이 되는 것은 아니고, 과거에 이미 부과되었던 증여세액인 1천만 원을 공제한 2천만 원(3천만 원-1천만 원)이 최종적으로 납부해야 할 증여세액이 되는 것입니다.

👆 관련 법령 등

「상속세 및 증여세법」 제47조 제2항, 「상속세 및 증여세법」 제58조

부모님 중 "1명에게 전부 증여받는 경우"와 "2명에게 각각 나눠서 증여 받는 경우", 증여세 금액은 달라지나요?

상황

A는 곧 결혼을 앞두고 있고, 10억 원에 신혼집을 매수하려고 한다. 매수자금은 그동안 본인이 모아놓았던 2억 원과 은행 대출 6억 원 그리고 부모로부터 나머지 2억 원을 증여받아 마련할 계획이다. 이때 부(父)로부터 2억 원 전부를 증여받는 게 나을지, 아니면 부(父)와 모(母)로부터 각각 1억 원씩 증여받는 게 나을지 궁금하다.

Q 같은 금액을 증여받더라도 "부모님 중 1명에게 전부 증여받는 경우"와 "2명에게 각각 나눠서 증여받는 경우", 내야 할 증여세가 달라질 수 있나요?

A 증여세는 증여를 받는 "수증자별"로 "증여행위가 있을 때"마다 증여세를 계산하여 부과하는 것이 원칙이지만, 동일인으로부터 10년 동안 증여받은 금액은 전부 합산하여 증여세를 계산합니다. 이때 **"동일인"**에는 증여자가 직계존속인 경우 그 직계존속의 배우자도 포함하기 때문에, 10년 동안 부(父)와 모(母)가 나눠서 증여한다고 해도 증여세가 줄거나 달라지는 것은 아닙니다.

👆 같은 금액을 증여받더라도, 여러 명으로부터 증여를 받았다면 증여세는 줄어든다?

증여세는 "수증자별"로 각각의 "증여받은 날"에 증여받은 금액을 기준으로 증여세를 계산하여 부과하는 것이 원칙이며, 증여자가 여러 명인 경우에는 그 "증여자별"로 증여한 금액을 기준으로 부과됩니다. **따라서 같은 금액을 증여받는다고 하더라도, 여러 명의 증여자로부터 나눠서 증여받는다면 각각의 증여받은 금액을 기준으로 세율을 적용하기 때문에 한 번에 증여받은 경우보다 낮은 세율이 적용되어 증여세 총금액은 줄어들 수도 있습니다.**

예를 들어서 총 3억 원을 증여받는다고 했을 때 ① **아버지로부터 3억 원을 전부 증여받는 경우**에는 1억 원에 대해서는 10%, 나머지 2억 원에 대해서는 20%의 세율이 적용되어 총 5,000만 원의 증여세(공제금액은 없다고 가정)가 발생합니다. 하지만 ② **아버지로부터 1억 원, 삼촌으로부터 1억 원, 외삼촌으로부터 1억 원을 각각 증여받는 경우**에는 각각에 대하여 세율을 적용하기 때문에 전부 10%의 세율이 적용되어 총 3,000만 원의 증여세(공제금액은 없다고 가정, 1억 원×10%×3)가 발생합니다. 즉, 증여세는 "증여자별"로 증여한 금액을 기준으로 부과되기 때문에, 증여자를 분산한다면 낮은 누진세율이 적용되어 증여세 금액이 줄어들 수도 있는 것입니다.

아버지와 어머니에게 각각 증여받으면?

증여세는 "수증자별"로 각각의 "증여받은 날"에 증여받은 금액을 기준으로 증여세를 계산하여 부과하는 것이 원칙이지만, **해당 증여일 전 10년 이내에 "동일인"으로부터 받은 증여재산가액을 합친 금액이 1천만 원 이상인 경우에는 그 가액을 합산하여 증여세를 부과합니다.** 이를 "동일인 합산과세"라고 하는데, **여기서 "동일인"에는 증여자가 직계존속인 경우 그 직계존속의 배우자도 포함합니다.** 즉 아버지와 어머니는 엄밀한 의미에서 동일인은 아니지만, 증여세를 계산할 때는 마치 그 둘을 "동일인"인 것처럼 간주하여 합산과세를 적용한다는 것입니다. 이에 따라 증여자가 조부모인 경우에도 할아버지와 할머니는 동일인으로 보아 합산과세를 적용합니다.

위의 상황에서 아버지로부터 2억 원 전부를 증여받는 경우나, 아버지와 어머니에게 각각 1억 원씩 증여받는 경우 모두 실제 증여세를 계산할 때는 동일하게 2억 원을 기준으로 계산합니다. 왜냐하면 증여자가 직계존속인 경우에는 그 배우자도 "동일인"으로 보아 합산과세를 적용하기 때문입니다. **따라서 부모 중 1인으로부터 전부 증여를 받는 경우나, 2인으로부터 나눠서 증여를 받는 경우 모두 결과적으로 동일한 증여세가 발생합니다.**

반대로 아버지 또는 어머니가 아들에게 증여를 받고, 며느리에게 증여를 받은 경우에는 아들과 며느리는 동일인으로 보지 않기 때문에 합산하여 증여세를 부과하지 않습니다. 왜냐하면 "동일인"에는 증여자가 직계존속인 경우에만 그 직계존속의 배우자를 포함하는 것인데, 증여자가 아들과 며느리인 경우 수증자인 아버지나 어머니 입장에서 볼 때 직계비속에 해당하기 때문입니다.

당해 증여자	10년 이내 증여자	수증자	합산여부
아버지	어머니	아들/딸	합산(O)
할아버지	할머니	손자/손녀	합산(O)
아들/딸	며느리/사위	아버지/어머니	합산(X)

관련 법령 등

「상속세 및 증여세법」 제47조 제2항, 「상속세 및 증여세법」 제58조

서면인터넷방문상담4팀-3535, 2007.12.11.

회신 「상속세 및 증여세법」 제47조 제2항의 규정을 적용함에 있어 생부(生父)와 이혼한 생모(生母)로부터 증여받은 재산가액은 생부(生父)의 증여재산가액에 합산하지 아니하는 것임.

서면-2016-상속증여-5454, 2017.09.18.

요지 「상속세 및 증여세법」 제47조에 따라 해당 증여일 전 10년 이내에 부(父)로부터 받은 증여재산가액의 합계액이 1천만 원 이상인 경우에는 그 가액을 증여세 과세가액에 가산하는 것이나, 모(母)에게 증여받기 전에 부(父)가 사망한 경우에는 부(父)를 모(母)의 동일인으로 보아 합산과세하지 아니하는 것임.

증여재산공제와 증여세율

01

부모님에게 증여를 받으면 일정금액까지는 증여세가 없다던데 사실인가요?

👆 상황

> A는 지금까지 부모로부터 증여를 받았던 적이 없다. 하지만 이번에 아파트를 취득하기 위해서 부모의 도움을 받고자 한다. 하지만 증여를 받더라도 증여세가 많이 나올까봐 걱정인데, 주변 지인에 말로는 일정금액까지는 증여를 받더라도 증여세가 없다고 들었다. 이 말이 사실인지 궁금하다.

Q 타인에게 증여를 받더라도 일정금액까지는 증여세를 부과하지 않는다는데 사실인가요?

A 증여세는 증여받은 금액에서 일정한 금액을 공제하여 계산합니다. 이때 증여자와 수증자의 관계에 따라 정해진 금액만큼을 공제해 주는데 이를 "일반 증여재산공제"라고 합니다. **따라서 증여받은 금액이 "일반 증여재산공제" 금액 이내라면 실제로 부과될 증여세는 없습니다.**

👆 증여자와 수증자가 어떤 관계인지에 따라 공제해주는 금액이 다르다?

증여세는 증여받은 재산의 가액을 기준으로 부과하되, "일반 증여재산공제" 금액을 차감(공제)하여 그 금액(증여재산금액-증여재산공제)을 기준으로 증여세가 부과됩니다. 여기서 "일반 증여재산공제"란 증여자와 수증자 사이의 인적관계의 친밀도, 증여자의 재산형성에 대한 수증자의 기여도 등을 고려하여 증여자와 수증자의 관계에 따라 일정한 금액을 공제하는 것을 말합니다.

이러한 "일반 증여재산공제"는 증여자와 수증자의 관계에 따라 그 공제금액은 달라지는데, 거주자인 수증자가 ① 배우자로부터 증여를 받은 경우에는 6억 원, ② 직계존속으로부터 증여를 받은 경우에는 5천만 원(다만, 수증자가 미성년자인 경우에는 2천만 원), ③ 직계비속으로부터 증여를 받은 경우에는 5천만 원, ④ 기타친족[10]으로부터 증여를 받은 경우에는 1천만 원을 한도로 공제합니다.

증여자	수증자	공제금액	예시
배우자	배우자	6억 원	남편이 아내에게 증여
직계존속	직계비속	5천만 원 (다만, 수증자가 미성년자인 경우 2천만 원)	부모가 자녀에게 증여, 조부모가 손자녀에게 증여
직계비속	직계존속	5천만 원	자녀가 부모에게 증여
기타친족	기타친족	1천만 원	형이 동생에게 증여, 시아버지가 며느리에게 증여

10) "기타친족"이란 배우자 및 직계존비속 외의 4촌 이내의 혈족, 3촌 이내의 인척을 말함.

👆 일반 증여재산공제는 증여받을 때마다 새롭게 적용한다?

"일반 증여재산공제"를 적용할 때, 그 증여를 받기 전 10년 이내에 이미 공제받았던 금액이 있다면 그 금액을 차감한 나머지 금액만 추가로 공제받을 수 있습니다. 즉 일반 증여재산공제는 증여를 받을 때마다 전체 한도금액을 매번 공제받을 수 있는 것이 아니라, "10년간 공제받은 누적금액을 기준"으로 적용하는 것입니다.

예를 들어서 ① 남편이 아내에게 5년 전에 5억 원을 증여했고 이번에 다시 5억 원을 증여할 경우, 이번에 증여받은 금액에서 차감할 수 있는 일반 증여재산공제 금액은 1억 원이 됩니다. 왜냐하면 이미 10년 이내에 기간 동안 일반 증여재산공제 한도인 6억 원 중 5억 원을 사용했기 때문에, 남은 1억 원만 추가로 공제받을 수 있는 것입니다. 만약 ② 남편이 아내에게 11년 전에 5억 원을 증여했고 이번에 다시 5억 원을 증여한다면, 이번에 증여받은 금액에서 차감할 수 있는 일반 증여재산공제 금액은 5억 원이 됩니다. 왜냐하면 이번 증여하기 전 10년 이내에 기간 동안 증여재산공제를 받았던 금액은 없기 때문에 새롭게 6억 원의 범위에서 공제할 수 있는 것입니다.

👆 증여자는 동일한데 "수증자가 여러 명"인 경우, 증여재산공제는 수증자별로 각자 적용한다?

증여세는 원칙적으로 "수증자"에게 부과되는 세금이기 때문에 "수증자"를 기준으로 증여세를 계산합니다. **따라서 일반 증여재산공제를 적용할 때도 "수증자별"로 적용하는 것이기 때문에 수증자가 여러 명인 경우에는 각각 일반 증여재산공제를 적용합니다.**

예를 들어서 직계존속인 아버지가 직계비속인 자녀 3명에게 각각 증여를 할 경우, "수증자별"로 증여세를 계산하기 때문에 증여재산공제도 자녀 3명에게 각각 적용합니다. 따라서 성인인 자녀 3명이 직계존속으로부터 과거 10년 동안 증여받았던 적이 없다면, 아버지는 각 자녀에게 5천만 원씩 총 1억 5천만 원을 증여하더라도 자녀 각자가 5천만 원까지 증여재산공제를 받을 수 있기 때문에 실제로 부과되는 증여세는 없습니다.

증여세 신고를 하지 않더라도 일반 증여재산공제를 받을 수 있나?

원칙적으로 수증자는 증여받은 날이 속하는 달의 말일부터 3개월 이내에 증여세를 자진신고하고 증여세가 발생했다면 그 기한까지 세금도 납부해야 합니다. 이러한 증여세 신고는 실제로 납부할 증여세가 발생했는지 아닌지에 관계없이 신고의무가 있는 것이지만, 만약 증여재산공제 금액 한도까지만 증여해서 납부할 증여세가 없다면 무신고에 따른 금전적인 불이익은 없습니다.

"일반 증여재산공제"는 증여자와 수증자의 관계에 따라 10년 동안 해당 금액의 한도 내에서 자동으로 적용되는 것이기 때문에 증여세를

신고하지 않았더라도 적용되는 것이며, 이에 따라 납부할 증여세가 없다면 무신고에 따른 각종 가산세는 부과되지 않습니다.

👆 일반 증여재산공제를 받지 못하는 경우도 있다?

"일반 증여재산공제"는 수증자가 증여일 현재 거주자인 경우에만 적용받을 수 있습니다. **따라서 수증자가 비거주자라면 일반 증여재산공제를 적용받을 수 없습니다.** 하지만 증여자가 비거주자인 경우에는 일반 증여재산공제를 적용받을 수 있습니다. 즉 일반 증여재산공제를 적용받기 위해서는 수증자만 거주자이면 되는 것이지 증여자도 거주자여야 할 필요는 없는 것입니다.

👆 관련 법령 등

「상속세 및 증여세법」 제53조, 「상속세 및 증여세법」 제68조

서면인터넷방문상담4팀-239, 2006.02.10.

> **회신** 거주자가 배우자로부터 증여받은 경우 수증자를 기준으로 당해 증여 전 10년 이내에 증여받은 가액과 당해 증여가액의 합계액에서 3억 원(과거 2003.01.01.부터 2007.12.31.까지 증여받은 경우 적용했던 금액)을 공제하는 것이며, 증여재산가액이 증여재산공제에 미달할 경우에는 무신고하여도 가산세 등 불이익이 없는 것임.

재산상속 46014-1704, 1999.09.18.

 거주자가 비거주자인 배우자로부터 재산을 증여받은 경우에도 증여재산공제를 받을 수 있음.

02

여러 명에게 증여받으면 각각 일반 증여재산공제를 받을 수 있나요?

👆 상황

A는 아버지에게 1억 원을 증여받을 예정인데, 직계존속인 부모한테 증여를 받을 때는 10년 동안 5천만 원까지 세금이 없다는 이야기를 들었다. 그래서 먼저 아버지에게 5천만 원을 증여받아 5천만 원을 공제 받고, 다시 어머니에게 5천만 원을 증여받아 또 5천만 원을 공제 받으면 세금이 없을 것이라고 생각했다.

Q 아버지와 어머니에게 증여받은 경우 일반 증여재산공제는 각각 적용받을 수 있나요?

A 아닙니다. 왜냐하면 **일반 증여재산공제는 수증자를 기준으로 적용하되, "증여자의 그룹별"로 그 증여재산공제 금액 한도 이내에서 공제하기 때문입니다.** 따라서 아버지와 어머니는 같은 직계존속 그룹이므로 그 둘의 증여금액을 합한 금액에 대하여 증여재산공제 총한도를 한 번만 적용하여 공제합니다.

👆 여러 명에게 증여받은 경우, 일반 증여재산공제는 여러 번 적용이 가능하다?

증여세는 증여받은 재산의 가액을 기준으로 부과하되, "일반 증여재산공제" 금액을 차감(공제)하여 그 금액(증여재산금액-증여재산공제)을 기준으로 증여세가 부과됩니다. 여기서 "일반 증여재산공제"는 증여자와 수증자의 관계에 따라 그 공제금액의 한도가 다른데, 구체적으로 ① 증여자가 배우자인 경우에는 6억 원, ② 증여자가 직계존속인 경우에는 5천만 원(다만, 수증자가 미성년자일 경우 2천만 원), ③ 증여자가 직계비속인 경우에는 5천만 원, ④ 증여자가 기타친족인 경우에는 1천만 원을 한도로 10년 동안 공제받을 수 있습니다.

이러한 "일반 증여재산공제"를 적용할 때는 수증자를 기준으로 "증여자 그룹별"로 적용합니다. 즉 "증여자별"로 일반 증여재산공제를 적용하는 것이 아니라, "증여자 그룹별"로 해당 한도금액을 적용하는 것입니다.

예를 들어서 성인 자녀가 아버지와 어머니로부터 각각 증여받을 경우 증여자가 같은 직계존속 그룹이므로 수증자인 자녀는 총 5천만 원의 한도 내에서 공제받을 수 있는 것이지, 각각 5천만 원씩 총 1억 원의 한도 내에서 공제받을 수 있는 것은 아닙니다. 마찬가지로 수증자인 사위가 기타친족인 장인과 장모에게 각각 증여를 받을 경우, 증여자가 같은 기타친족 그룹에 속해 있으므로 수증자인 사위는 총 1천만 원의 한도 내에서 공제받을 수 있는 것이지, 각각 1천만 원씩 총 2천만 원의 한도 내에서 공제받을 수 있는 것은 아닙니다.

👆 직계존속인 할아버지와 아버지에게 각각 증여받은 경우, 일반 증여재산공제는 어떻게 적용하나?

같은 증여자 그룹에 속하는 여러 명의 증여자로부터 증여를 받아서 일반 증여재산공제를 적용하는 경우에는 ① **둘 이상의 증여가 그 증여 시기를 달리하는 경우라면 둘 이상의 증여 중 최초의 증여금액부터 순차적으로 공제하고, ② 둘 이상의 증여가 동시에 있는 경우에는 각각의 증여받은 금액을 기준으로 안분하여 공제합니다.**

예를 들어서 같은 직계존속 그룹인 할아버지와 아버지에게 증여를 받았는데 할아버지로부터 먼저 증여받고 그 후에 아버지로부터 증여받은 경우에는, 먼저 할아버지로부터 증여받은 금액에서 일반 증여재산공제를 적용하고 남은 증여재산공제 금액이 있다면 아버지한테 증여받은 금액에서 순차적으로 차감합니다. 따라서 성인인 수증자가 할아버지에게 먼저 4천만 원을 증여받고 그 이후에 아버지에게 추가로 4천만 원을 증여받았다면, 일단 할아버지에게 증여받은 금액에서 4천만 원을 공제한 후 남은 1천만 원은 아버지에게 증여받은 4천만 원에서 공제하는 것입니다.

만약 동일한 예에서 할아버지와 아버지로부터 같은 날에 각각 4천만 원을 증여받았다면 할아버지에게 받은 금액에 대하여 2천5백만 원(5천만 원×4천만 원/8천만 원), 아버지에게 받은 금액에 대하여 2천5

백만 원(5천만 원×4천만 원/8천만 원)을 각각 공제합니다. 즉 일반 증여재산공제는 수증자가 임의로 선택하여 공제하는 것이 아니라 위에서 정한 순서에 따라 강제로 적용하는 것입니다.

👆 수증자 1인이 여러 증여자 그룹으로부터 증여받은 경우에는 일반 증여재산공제를 각각 적용받을 수 있다?

일반 증여재산공제는 수증자를 기준으로 "증여자 그룹별"로 각각 적용하기 때문에, **그룹이 다른 증여자들로부터 동시에 증여받은 경우에는 해당 증여자별 공제금액을 한도로 각각 공제받을 수 있습니다.**

예를 들어서 수증자가 배우자, 직계존속 및 기타친족으로부터 각각 증여받았다면 수증자를 기준으로 배우자에게 증여받은 금액은 6억 원을 한도로, 직계존속에게 증여받은 금액은 5천만 원(수증자가 미성년자인 경우에는 2천만 원)을 한도로, 기타친족으로부터 증여받은 금액은 1천만 원을 한도로 각각 공제받을 수 있습니다. 따라서 과거 10년 동안 증여받았던 적이 없었던 수증자는 배우자에게는 6억 원, 직계존속에게는 5천만 원(수증자가 미성년자인 경우에는 2천만 원), 기타친족으로부터 1천만 원을 증여받아 총 6억 6천만 원을 증여받았더라도 증여재산공제를 적용한 후에는 0원이 되기 때문에 증여세가 부과되지 않습니다.

👆 관련 법령 등

「상속세 및 증여세법」 제53조

서면인터넷방문상담4팀-1610, 2006.06.07.

회신 「상속세 및 증여세법」 제53조 제1항의 규정에 의하여 거주자가 배우자와 직계비속 및 친족으로부터 각각 증여를 받은 경우에는 같은 항 각 호의 구분에 따른 금액을 각각의 증여세 과세가액에서 각각 공제가능함. 다만, 이 경우 수증자를 기준으로 당해 증여 전 10년 이내에 공제받은 금액과 당해 증여가액에서 공제받을 금액은 합계액이 같은 항 각 호에 규정하는 금액을 초과하는 경우에는 그 초과하는 부분은 이를 공제하지 아니함.

03 혼인이나 출산(또는 입양)을 한 사람이 증여받으면 공제를 더 많이 받을 수 있나요?

상황

A는 곧 출산을 앞둔 임산부이고, A의 아버지인 B는 손자녀가 태어나면 축하금의 의미로 1억 원을 A에게 증여할 계획이다. 다만, B는 5년 전에 이미 A에게 일반 증여재산공제 한도 내 금액인 5천만 원을 증여한 사실이 있어서, 이번에 추가로 증여할 경우 증여세가 많이 나올까봐 걱정이다.

Q 결혼을 하거나 출산(또는 입양)을 하면 원래 받을 수 있는 일반 증여재산공제 외에 추가로 더 공제받을 수도 있나요?

A 혼인일 전·후 2년 이내에 증여를 받는 경우와 출산(또는 입양) 후 2년 이내에 증여를 받는 경우에는 추가로 1억 원을 공제받을 수 있습니다.

👆 혼인을 하거나 출산(또는 입양)을 하면 공제를 더 많이 받을 수 있다?

　거주자인 수증자가 증여받은 금액에 대해서는, 증여자와 수증자의 관계에 따라 정해진 금액을 한도로 "일반 증여재산공제"를 적용받을 수 있습니다. 그런데 혼인이나 출산(또는 입양)이라는 특정한 사건이 발생한 경우에는 일반 증여재산공제 외에 추가로 더 많은 공제를 받을 수 있는데, 이를 "혼인·출산 등 증여재산공제"라고 합니다.

　이러한 "혼인·출산 등 증여재산공제"는 ① 거주자가 직계존속으로부터 혼인일(혼인신고일을 말함) 전·후 2년 이내에 증여받는 경우 및 ② 거주자가 직계존속으로부터 자녀의 출생일(또는 입양일)부터 2년 이내에 증여받는 경우에 적용받을 수 있고, 일반 증여재산공제 외에 추가적으로 1억 원을 한도로 공제받을 수 있습니다. 예를 들어서 혼인을 앞둔 자녀가 부모로부터 증여받을 경우, 기본적으로 직계존비속 간의 관계에 따라 10년 동안 5천만 원의 "일반 증여재산공제"를 적용하되, 추가로 1억 원의 "혼인·출산 등 증여재산공제"도 적용받을 수 있습니다. 따라서 과거 10년 동안 부모 등 직계존속으로부터 증여받은 적이 없던 자녀가 혼인하는 경우, 총 1억 5천만 원까지 공제가 적용되므로 이 금액 내에서 증여받으면 증여세가 발생하지 않습니다.

"태어난 아이"가 증여받은 경우에도 추가 공제를 적용할 수 있다?

"혼인·출산 등 증여재산공제"를 적용받기 위해서는 증여자가 수증자의 직계존속(부모나 조부모 등)이어야 하고 수증자는 "그 행위를 한 당사자"여야 하므로, 출산을 이유로 1억 원의 추가 공제를 받기 위해서는 "출산을 한 당사자인 자녀나 손자녀"가 증여받아야 합니다. 따라서 "태어난 아이"가 증여받은 경우 그 행위를 한 당사자가 아니므로 1억 원의 추가 공제를 적용할 수는 없고, 일반 증여재산공제(2천만 원)만 적용이 가능합니다.

증여자	수증자	증여시기	증여공제 여부
부모·조부모	혼인한 자녀·손자녀	자녀 혼인일 전·후 2년 이내	혼인에 따른 증여재산 공제 가능
장인·장모	사위	자녀 혼인일 전·후 2년 이내	혼인에 따른 증여재산 공제 불가능[11]
부모·조부모	출산한 자녀·손자녀	출생일부터 2년 이내	출산에 따른 증여재산 공제 가능
부모·조부모	태어난 아이	출생일부터 2년 이내	출산에 따른 증여재산 공제 불가능[12]

11) 일반 증여재산공제(기타친족 간 1천만 원)는 적용 가능
12) 일반 증여재산공제(직계존비속 간 2천만 원)는 적용 가능

혼인도 하고 출산도 했으면 각각 1억 원씩 최대 2억 원까지 추가로 공제받을 수 있다?

혼인 및 출산(또는 입양)에 따라 증여받은 금액에서 추가로 공제할 수 있는 금액은 그 둘을 합하여 최대 1억 원까지만 가능하기 때문에, 각각의 사유별로 1억 원씩 적용하여 총 2억 원을 공제할 수 있는 것은 **아닙니다.** 예를 들어서 혼인일 전·후로 2년 이내에 증여받은 금액이 있어서 이미 1억 원의 추가 공제를 받았다면, 그 이후에 자녀를 출산하더라도 다시 1억 원을 공제받을 수는 없습니다. 즉, 혼인을 원인으로 하던 출산을 원인으로 하던 그 당사자에게는 평생 최대 1억 원까지만 추가 공제가 가능한 것입니다.

마찬가지로 첫째를 출산했을 때 이미 1억 원의 추가 공제를 받았다면, 그 이후 둘째를 출산하더라도 다시 추가 공제를 받을 수는 없습니다. 다만, 첫째를 출산했을 때 추가 공제 한도금액인 1억 원 중 일부금액만 공제받았다면 그 이후 둘째를 출산했을 때 남은 공제금액만큼은 추가로 공제받을 수 있습니다.

"혼인·출산 등 증여재산공제"를 받기 위해서는 꼭 금전으로만 증여해야 하나?

"혼인·출산 등 증여재산공제"는 금전뿐만 아니라 부동산·유가증권 등의 재산을 증여받아도 적용받을 수 있습니다. 또한 그 증여받은 재산 등을 반드시 결혼이나 출산 등과 관련하여 사용해야 한다는 등의 사용 목적에도 제한은 없습니다.

하지만 재산 자체의 증여가 아닌, 이익의 증여[13)]에 대해서는 "혼인·출산 등 증여재산공제"를 적용받을 수 없고 **특히 채무면제 등에 따른 증여이익에 대하여는 적용되지 않음에 유의해야 합니다.** 예를 들어서 부모가 자녀에게 1억 원을 빌려주었다가 채권을 포기하여 자녀가 채무면제 이익을 얻게 된다면, 해당 채무면제 이익에 대해서는 혼인 등의 사유가 있다고 하더라도 추가 공제 1억 원을 적용받을 수 없습니다.

✋ "혼인·출산 등 증여재산공제"를 받지 못하는 경우도 있다?

"혼인·출산 등 증여재산공제"는 "일반 증여재산공제"와 마찬가지로 수증자가 증여일 현재 거주자인 경우에만 적용받을 수 있습니다. **따라서 수증자가 비거주자라면 "혼인·출산 등 증여재산공제"를 적용받을 수 없습니다.** 하지만 증여자가 비거주자인 경우에는 혼인·출산 등 증여재산공제를 적용받을 수 있습니다. 즉 혼인·출산 등 증여재산공제를 적용받기 위해서는 수증자만 거주자이면 되는 것이지 증여자도 거주자여야 할 필요는 없는 것입니다.

✋ 관련 법령 등

「상속세 및 증여세법」 제53조의2

---

13) "재산 자체의 증여자가 아닌, 이익의 증여"란 신탁이익의 증여, 보험금의 증여, 저가 양수 또는 고가 양도에 따른 이익의 증여, 채무면제 등에 따른 이익의 증여 등을 말함.

증여를 받으면 몇 퍼센트를 증여세로 내야 하나요?

상황

A는 곧 부모로부터 금전을 증여받을 예정이다. 10년 동안 부모로부터 5천만 원까지는 증여를 받아도 세금이 없다고 들었는데, 그 금액보다는 더 많은 금액을 증여받을 예정이라서 어쩔 수 없이 세금은 내야 하는 것으로 알고 있다. 대략적으로 얼마의 세금이 나올지 궁금해서 주변 지인들에게 물어보니 어떤 사람은 10% 정도라고 하는 사람도 있고, 어떤 사람은 최소 30%를 내야 한다고 하는 사람도 있다.

Q 증여를 받으면 증여세를 내야 한다고 알고 있습니다. 증여세는 대략 몇 퍼센트 정도를 내야 하는 건가요?

A 증여세는 "증여세 과세표준"에 "증여세율"을 곱하여 계산하는데, 그 "증여세율"은 최하 10%부터 최대 50%까지 적용됩니다. 이때 실제 적용되는 증여세율은 증여세 과세표준 금액이 얼마냐에 따라 다릅니다.

👆 "증여세 과세표준"이란?

 "과세표준"이란 세법에 의하여 직접적으로 세액산출의 기초가 되는 과세물건의 수량 또는 가액을 말하는데, 증여세액은 이러한 "증여세 과세표준"에 "증여세율"을 곱하여 증여세 산출세액을 계산합니다.

 이러한 "증여세 과세표준"을 산출하기 위해서는 먼저 증여로 받은 재산의 금액(증여재산가액)에서 증여로 인수한 채무액을 차감하고 증여일 전 10년 이내에 동일인으로부터 이미 증여받은 금액을 합산하여 "증여세 과세가액"을 계산합니다. 이렇게 계산한 "증여세 과세가액"에서 증여재산공제(일반 및 혼인·출산 등)와 감정평가수수료(증여세를 신고·납부를 위해 증여재산을 평가하는데 드는 수수료를 말함)를 차감하여 "증여세 과세표준"을 계산합니다.

 따라서 "증여세 과세표준"은 증여로 받은 재산의 금액인 "증여재산가액"과는 차이가 있습니다. 즉 증여받은 금액이 항상 증여세 과세표준과 같은 것은 아닙니다. 예를 들어서 이번에 증여받은 금액이 1억 원이더라도, 10년 이내에 동일인으로부터 증여받은 금액이 있거나 증여재산공제 등을 적용한다면 증여세 계산을 위한 "증여세 과세표준"은 1억 원이 아닐 수도 있습니다.

구분		비고
	증여재산가액	
(−)	채무액	
(+)	증여재산가산액	증여일 전 10년 이내 동일인에게 증여받은 금액
=	**증여세 과세가액**	
(−)	증여재산공제	일반증여재산공제 및 혼인·출산 등에 따른 증여재산공제
(−)	감정평가수수료	재산 감정평가로 발생한 수수료 공제(일반적으로 500만 원 한도)
=	**증여세 과세표준**	
×	증여세율	최하 10%에서 최대 50%
=	**증여세 산출세액**	

증여를 많이 받을수록 "더 높은 증여세율"이 적용된다?

증여세액(산출세액)을 계산하기 위해서 적용하는 "증여세율"은 최하 10%에서 최고 50%까지 총 5단계 초과누진세율 구조로 되어 있습니다. 구체적으로 과세표준 금액의 구간별로 1억 원까지는 10%, 5억 원까지는 20%, 10억 원까지는 30%, 30억 원까지는 40%, 30억 원을 초과한 부분은 50%를 적용합니다. 즉 "증여세 과세표준" 금액이 크면 클수록 더 높은 "증여세율"이 적용되는 것입니다.

예를 들어서 증여세 과세표준이 10억 원인 경우 증여세액을 계산해 보면, 1억 원까지는 10%인 1,000만 원(1억 원×10%), 1억 원에서 5억 원까지는 20%인 8,000만 원(4억 원×20%), 5억 원에서 10억 원까지는 30%인 1억 5,000만 원(5억 원×30%)이 되어 총 2억 4천만 원이 됩니다.

✋ "누진공제액"을 알면 증여세를 빠르게 계산할 수 있다?

증여세 산출세액을 계산할 때, 과세표준 구간별로 일일이 세율을 곱하고 이를 합산하여 증여세액을 계산하면 시간도 오래 걸리고 실수할 가능성도 많아 비효율적입니다. **그래서 실무적으로는 "전체 과세표준"에서 해당 증여세 과세표준이 속한 구간에서 적용되는 "최고 증여세율"을 곱한 후, 그 구간에 대응하는 "누진공제액"을 차감하는 방법으로 증여세액을 계산합니다.** 여기서 "누진공제액"이란 전체 증여세 과세표준 금액에 일괄적으로 높은 세율을 적용함으로써, 실제로는 낮은 세율이 적용될 구간의 세금이 중복으로 산입되어 과다하게 계산된 부분을 조정하기 위해 차감하는 금액을 말합니다.

위 사례와 동일하게 증여세 과세표준이 10억 원인 경우 해당 구간은 최고 30%의 세율이 적용되고, 여기서 누진공제액인 6,000만 원을 차감하면 되는 것입니다. 따라서 "(10억 원×30%) - 6,000만 원"을 하면 증여세액은 2억 4천만 원이 되며, 이는 위에서 구간별로 일일이 계산한 값의 총합과 동일합니다.

과세표준	증여세율	누진공제액
1억 원 이하	10%	–
1억 원 초과 ~ 5억 원 이하	20%	1,000만 원
5억 원 초과 ~ 10억 원 이하	30%	6,000만 원
10억 원 초과 ~ 30억 원 이하	40%	1억 6,000만 원
30억 원 초과시	50%	4억 6,000만 원

관련 법령 등

「상속세 및 증여세법」 제55조, 「상속세 및 증여세법」 제56조

05

같은 금액을 증여받더라도, 아버지에게 증여받을 때보다 할아버지에게 증여받을 때 증여세가 더 많이 나오나요?

상황

A는 투자를 위한 자금을 아버지나 할아버지에게 증여받을 예정이다. 증여를 받으면 승여세를 내야 한다고 들었는데, 아버시한테 증여받는 경우와 할아버지한테 증여받는 경우 같은 금액을 증여받더라도 증여세가 다를 수 있는지 궁금하다.

Q 조부모에게 증여받을 경우, 부모에게 증여받는 경우보다 증여세가 더 많이 나오나요?

A **맞습니다.** 왜냐하면 조부모로부터 증여받은 경우에는 일반적인 증여세 산출세액에 **30~40%가 할증되어 과세**되기 때문입니다.

조부모에게 증여받으면 세금이 할증된다?

수증자가 증여자의 자녀가 아닌 직계비속인 경우에는 증여세 산출세액에 30%[14]에 상당하는 금액을 가산하여 증여세를 부과하는데, 이를 "세대 생략에 따른 할증과세"라고 합니다. 예를 들어서 할아버지나 할머니가 성년인 손자녀에게 재산을 증여했고 이에 대한 증여세 산출세액이 원래 1,000만 원이라면, 여기에 300만 원(1,000만 원×30%)을 할증한 총 1,300만 원이 증여세금이 되는 것입니다.

일반적으로 조부모가 자녀에게 증여한 후 그 자녀가 다시 본인의 자녀(즉, 조부모 입장에서는 손자녀)에게 증여하면 세대 간 두 차례 증여가 발생하므로 두 번의 증여세가 부과될 것입니다. 하지만 조부모가 자녀를 건너뛰고 손자녀에게 직접 증여하면 한 번의 증여세만 내게 되므로, 재차 과세를 회피하는 것을 방지하고자 세대 생략 할증 규정이 마련된 것입니다.

👆 세대 생략에 따른 할증과세를 적용하지 않는 경우는?

증여자의 최근친인 직계비속이 사망하여 그 사망자의 최근친인 직계비속이 증여받은 경우에는 세대 생략에 따른 할증과세를 하지 않습니다. 예를 들어서 아버지가 이미 돌아가신 상태에서 할아버지가 손자녀에게 증여하는 경우에는 할증과세를 적용하지 않는 것입니다. 이런 상황에서의 세대 생략 증여는 일부러 다음 세대를 건너뛰어 증여세 부담을 줄이기 위한 것이 아니라, 어쩔 수 없이 발생한 경우이기 때문입니

---

14) 수증자가 증여자의 자녀가 아닌 직계비속이면서 미성년자인 경우로서, 증여재산가액이 20억 원을 초과하는 경우에는 40%를 적용함.

다. 따라서 이 경우에는 조세회피 의도가 없다고 보아 할증과세를 하지 않습니다.

👆 관련 법령 등

「상속세 및 증여세법」 제57조

재산세과-1133, 2009.06.09.

질의 비거주자에게는 증여재산공제가 없으나, 미국인 조부가 비거주자 미국인인 손자, 손녀에게 증여하는 경우에 할증과세가 적용되는지

회신 수증자가 증여자의 자녀가 아닌 직계비속인 경우에는 「상속세 및 증여세법」 제57조(직계비속에 대한 증여의 할증과세) 규정이 적용되는 것임.

증여재산의 평가방법

01

현금이 아닌 재산을 증여받은 경우, 증여가액은 어떻게 산정하는 건가요?

상황

A는 아버지로부터 현금과 아파트를 증여받을 예정이다. 증여세를 계산할 때 증여받은 금액이 얼마인지에 따라 증여세가 달라진다고 알고 있다. 현금의 경우는 증여받은 금액이 명확한데, 아파트는 얼마를 증여받은 것으로 봐야 할지 궁금하다.

Q 부동산과 같이 현금이 아닌 재산을 증여받은 경우, 증여받은 금액이 얼마인지 어떻게 평가하나요?

A **증여일 현재 해당 재산의 "시가"로 평가**하는 것이 원칙입니다. 여기서 "시가"는 불특정 다수인 사이에 자유롭게 거래가 이루어지는 경우에 통상적으로 성립된다고 인정되는 가액을 말합니다.

증여받은 재산은 "시가"로 평가한다?

증여세는 증여받은 재산의 경제적 가치를 화폐액으로 환가하여 그 가액을 기준으로 부과되기 때문에, 증여재산의 평가는 증여세액의 산출에 있어 굉장히 중요합니다. 따라서 공평과세의 측면에서 통일된 방법으로 재산을 평가할 수 있도록 「상속세 및 증여세법」에서는 증여세가 부과되는 재산의 가액은 "증여일 현재의 시가(時價)"에 따르도록 규정하고 있습니다.

여기서 "시가"란 불특정 다수인 사이에 자유롭게 거래가 이루어지는 경우에 통상적으로 성립된다고 인정되는 가액을 말하고, 이러한 "시가"에는 수용가격·공매가격 및 감정가격 등 시가로 인정되는 것을 포함합니다.

👆 시가로 인정되는 "수용·공매·감정가격 등"은 구체적으로 무엇을 의미하는가?

"시가"로 인정되는 경우란 증여일 전 6개월부터 증여일 후 3개월까지의 기간("평가기간"이라고 함) 중 해당 증여재산에 대한 매매·감정·수용·경매 또는 공매("매매 등"이라고 함)가 있는 경우 그 매매 등의 가액을 말합니다.

예를 들어서 아파트를 증여받은 후 3개월 이내에 타인에게 매매했다면, 이때의 매매금액이 곧 시가에 해당합니다. 또 다른 예로 평가기간 내에 해당 아파트에 대한 감정을 받았다면 그 감정가액이 곧 시가가 되는 것입니다. 이때 해당 재산의 감정가액은 원칙적으로 둘 이상의 감정기관에서 감정한 가액의 평균액으로 하되, 기준시가[15]가 10억 원

15) "기준시가"란 「상속세 및 증여세법」에서 정한 보충적 평가방법에 따라 평가한 금액을 말하는데

이하인 부동산의 경우에는 예외적으로 하나의 감정기관에서 감정한 가액도 시가로 인정됩니다.

즉, "시가"로 인정되기 위해서는 해당 재산의 객관적인 교환가치를 산정할 수 있는 매매 등의 사건이 발생해야 하고, 해당 매매 등의 사건 이 증여일에서 크게 벗어나지 않은 기간 내에 발생해야 하는 것입니다.

시가에 해당하는 매매 등의 가액이 둘 이상인 경우에는?

증여받은 재산에 대해 시가로 보는 가액이 둘 이상인 경우에는 그 증 여일을 전·후하여 가장 가까운 날에 해당하는 가액으로 평가합니다. 예를 들어서 부친이 아파트를 10억 원에 매수한 후 4개월이 된 시점에 아들에게 증여했고 아들이 증여받은 해당 아파트를 2개월 내에 타인 에게 12억 원에 양도한 경우, 10억 원과 12억 원 둘 다 해당 재산의 매 매가액으로서 시가에 해당하지만 증여일에 가장 가까운 매매가액은 12억 원이므로 해당 가액으로 평가해야 합니다.

시가에 해당하는 매매 등이 "평가기간을 벗어난 기 간"에 발생했다면?

"시가"로 인정되는 매매 등이 평가기간 내인 증여일 전 6개월부터

그 예로 토지의 경우 개별공시지가, 주택의 경우 개별주택가격 또는 공동주택가격, 일반 건물의 경우 국세청장이 산정·고시하는 가액 등을 말함.

증여일 후 3개월까지의 기간 중 발생할 수도 있지만, 그 평가기간을 벗어난 기간에도 발생할 수 있습니다. 예를 들어서 해당 재산을 증여하기 한참 전인 3년 전에 감정을 받았던 적이 있거나, 증여받고 2년 후에 매매를 한 경우라면 해당 감정가격과 매매가격은 평가기간을 벗어난 기간에 발생한 매매 등의 가격이라고 할 수 있습니다.

만약 ① 평가기간 내와 평가기간을 벗어난 기간 **모두** 시가로 인정되는 매매 등의 가격이 있다면 **평가기간 내에 발생한 매매 등의 가격을 "시가"로 보아 해당 가격으로 평가**합니다. 왜냐하면 평가기간 내에 발생한 매매 등의 가격을 우선 적용하는 것이 원칙이기 때문입니다. ② 하지만 시가로 인정되는 매매 등의 가격이 평가기간 내에는 없고 **평가기간을 벗어난 기간에만 있다면 이때는 그 매매 등의 사건이 언제 발생하였는지에 따라 해당 금액을 시가로 볼 수도 있고 아닐 수도 있습니다.**

👆 "평가기간을 벗어난 기간"에 발생한 매매 등의 가액을 시가로 보는 경우는?

증여재산에 대한 시가는 평가기간 내에 해당 재산의 매매 등 가액으로 하는 것이므로, 그 평가기간을 벗어난 기간에 매매 등 가액이 있더라도 이는 시가로 보지 않는 것이 원칙입니다.

하지만 평가기간에 해당하지 않는 기간으로서 ① **증여일 전 2년 이내의 기간 중에 매매 등이 있거나,** ② **평가기간이 경과한 후부터 증여**

세의 결정기한[16]**까지의 기간 중**에 매매 등이 있는 경우에는, 평가기준일부터 해당 매매 등이 있는 날까지의 기간 중에 주식발행회사의 경영상태, 시간의 경과 및 주위환경의 변화 등을 고려하여 가격변동의 특별한 사정이 없다고 보아 **평가심의위원회의 심의를 거친다면** 해당 매매 등의 가액을 시가로 볼 수도 있습니다. 즉 ① 증여일 전 2년에서 6개월 사이에 해당 재산의 매매 등이 있거나, ② 증여일 후 3개월에서 증여일이 속한 달의 말일부터 9개월 사이에 해당 재산의 매매 등이 있는 경우에는, 비록 그 가액이 평가기간(증여일 전 6개월부터 증여일 후 3개월까지의 기간) 내에 있지 않더라도 평가심의위원회의 심의를 거쳐 시가로 볼 수도 있는 것입니다.

예를 들어서 2025년 9월에 부동산을 증여받았고 본래 평가기간인 2025년 3월부터 12월까지의 기간 중에는 해당 부동산의 매매 등은 없었으나 그보다 과거인 2024년 12월에 해당 부동산의 매매가격이 있었다면 이 매매가격은 평가심의위원회의 심의를 거쳐 시가로 인정될 수 있습니다. 또 다른 예로, 2025년 9월에 부동산을 증여받았고 본래 평가기간에 매매 등의 가액이 없었으나 2026년 3월에 해당 부동산에 대한 감정평가를 실시하여 감정평가액이 있는 경우에는 해당 감정평가액은 평가심의위원회의 심의를 거쳐 시가로 인정될 수 있습니다.

---

16) "증여세의 결정기한"이란 증여세의 신고기한(증여일이 속한 달의 말일부터 3개월)부터 6개월을 말함.

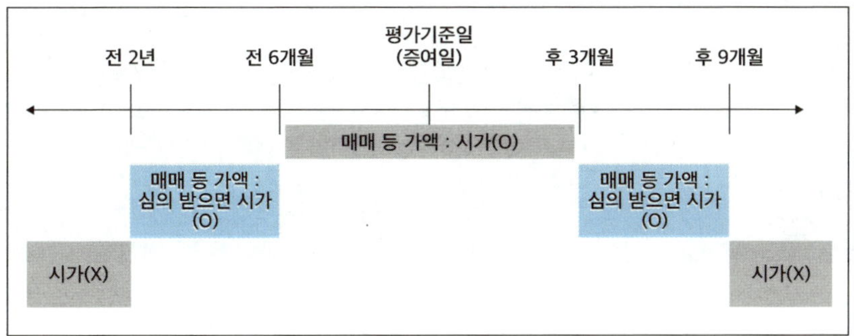

관련 법령 등

「상속세 및 증여세법」 제49조, 「상속세 및 증여세법」 제60조

동일인으로부터 과거에 증여받은 재산을 합산할 때, 그 합산하는 금액은 현재 시점을 기준으로 다시 평가해야 하나요?

상황

A는 5년 전에 부모인 B에게 부동산을 증여받았고 그 당시 감정평가를 받은 금액인 3억 원으로 증여세를 신고하였다. 이번에는 추가로 금전 2억 원을 증여받을 예정인데, 10년 이내에 동일인으로부터 과거 증여받은 금액은 합산해서 증여세를 계산해야 한다고 안내받았다. 현재 부동산의 시가는 5억 원 정도로 알고 있는데 이번 증여세 신고를 할 때에는 과거 증여 당시의 금액인 3억 원으로 해야 하는지, 아니면 현재 시점의 시가인 5억 원으로 해야 하는지 궁금하다.

Q 과거 증여받았던 재산을 이번 증여 때 합산해서 신고하려고 합니다. 과거보다 현재 시가가 많이 올랐는데 현재 시점의 시가로 다시 평가해서 신고해야 하나요?

A **아닙니다.** 동일인으로부터 10년 이내에 증여받은 재산을 합산하여 신고할 때에는 **"과거 증여 당시"의 가액으로 합산하는 것**이고, "현재 시점"을 기준으로 다시 평가해야 하는 것은 아닙니다.

✋ 해당 증여일 전 10년 이내에 동일인으로부터 증여받은 금액은 합산하여 과세한다?

증여세는 "수증자별"로 각각의 "증여받은 날"에 증여받은 금액을 기준으로 증여세를 계산하여 부과하는 것이 원칙이지만, **해당 증여일 전 10년 이내에 동일인(증여자가 직계존속인 경우에는 그 직계존속의 배우자를 포함)으로부터 받은 증여재산가액을 합친 금액이 1천만 원 이상인 경우에는 그 가액을 합산하여 증여세를 계산합니다.** 위의 상황과 같이 5년 전 동일인인 B에게 부동산을 증여받았던 적이 있다면 현재 금전을 증여받을 때 과거 증여받았던 부동산의 증여금액을 합산하여 증여세를 계산해야 합니다. 나만 ㄱ 합산하는 금액에 대하여 납부했던 증여세는 이중과세를 방지하기 위해서 기납부세액으로 차감합니다.

✋ 동일인으로부터 증여받은 재산을 합산할 때 평가금액은 현재 시점으로 재계산한다?

증여재산에 합산하는 10년 이내의 증여재산 가액은 "과거 증여 당시의 재산가액"에 따르는 것이고, 현재 시점의 시가와는 무관합니다. 즉, 과거 증여받은 금액을 합산하는 경우 현재의 상황은 고려하지 않고 그 당시 평가한 금액을 그대로 합산하는 것입니다.

위의 상황에서 5년 전에 증여받은 부동산의 그 당시 시가(감정평가금액)는 3억 원이므로 이번에 금전을 증여받으면서 합산해야 할 부동산의 증여금액은 현재 시점의 시가와 상관없이 과거 증여 당시의 금액인 3억 원이 되는 것입니다.

👆 관련 법령 등

「상속세 및 증여세법」 제47조 제2항, 「상속세 및 증여세법」 제49조, 「상속세 및 증여세법」 제60조, 「상속세 및 증여세법」 기본통칙 47-0-2

증여받은 재산의 시가를 산정하기 어려운 경우에는 어떻게 평가해야 하나요?

👆 상황

> A는 할아버지로부터 지방에 있는 임야를 증여받을 예정이다. 증여받은 재산은 시가로 평가한다고 하는데, 해당 임야는 할아버지가 30년 전에 취득했었고 거래가 활발히 되지 않아 시가를 알 수 없는 상황이다.

Q 제가 증여받은 재산은 거래가 거의 이뤄지지 않는 부동산입니다. 그래서 시가를 알 수 없는데, 이런 경우에는 어떻게 평가해야 하나요?

A ① 증여받은 재산과 **유사한 재산의 매매 등 가액이 있다면 그 "유사재산"의 매매 등 가액으로 평가**하고, ② 유사재산의 시가도 알 수 없는 경우에는 「상속세 및 증여세법」에서 정한 **"보충적 평가방법"에 따라 평가**합니다.

👆 증여받은 해당 재산과 "유사한 다른 재산"의 매매 등 가액으로 평가할 수 있다?

증여받은 재산을 평가할 때 "해당 재산"의 시가로 평가하는 것이 원칙이지만, 실무적으로 시가를 산정하기가 어려운 경우가 많습니다. 이렇게 해당 재산의 시가를 산정하기 어려운 경우에는 "유사매매사례가액 등"을 시가로 보아 평가할 수도 있습니다. 여기서 "유사매매사례가액 등"이란 증여받은 해당 재산과 면적·위치·용도·종목 및 기준시가가 동일하거나 유사한 "다른 재산"에 대한 매매 등 가액을 말합니다. 예를 들어서 토지 A(해당 재산)를 증여받았는데 그 바로 옆에 인접한 토지 B(유사한 다른 재산)가 토지 A와 면적·위치·지목·기준시가가 유사하고 그 토지 B가 최근 매매된 가액이 있다면 그 매매가액을 토지 A의 시가로 보아 평가할 수도 있습니다.

이러한 "유사매매사례가액 등"은 해당 재산의 시가를 산정하기 어려운 경우에만 후순위로 적용한다는 점에 유의해야 합니다. 즉 증여받은 해당 재산 자체의 시가가 존재한다면 유사재산의 시가가 있다고 하더라도, 증여받은 해당 재산 자체의 시가로 평가하는 것이지 유사재산의 매매가액 등으로 평가하는 것이 아닙니다.

해당 재산의 시가도 없고, 유사재산의 시가도 없다면?

토지나 단독주택 등과 같은 부동산은 해당 재산의 시가나 유사재산의 시가도 알 수 없는 경우가 많습니다. 이렇게 증여받은 해당 재산과 유사재산의 시가를 모두 산정하기 어려운 경우에는 「상속세 및 증여세법」에서 정한 "보충적 평가방법"에 따라 증여재산가액을 평가합니다.

이러한 "보충적 평가방법"은 증여받은 재산의 종류에 따라 적용방법이 다른데, ① **토지인 경우**에는 「부동산 가격공시에 관한 법률」에 따른 **개별공시지가**, ② **건물(오피스텔 및 일부 상업용건물, 주택은 제외)인 경우**에는 신축가격, 구조, 용도, 위치, 신축연도 등을 고려하여 **국세청장이 산정·고시하는 가액**, ③ **오피스텔 및 상업용건물(연면적이 3,000㎡ 이상이거나 구분 소유된 100호 이상인 상업용건물을 말함)인 경우**에는 건물의 종류, 규모, 거래 상황, 위치 등을 고려하여 **국세청장이 토지와 건물에 대하여 일괄하여 산정·고시한 가액**, ④ **주택인 경우**에는 「부동산 가격공시에 관한 법률」에 따른 **개별주택가격 및 공동주택가격**으로 평가합니다. **이렇게 보충적 평가방법에 따라 평가한 금액을 "기준시가"라고도 표현합니다.**

　따라서 증여재산에 대한 평가를 할 때는 먼저 해당 재산의 시가가 있는지 확인하고, 해당 재산의 시가를 알 수 없다면 다음으로 유사 재산의 시가가 있는지 확인합니다. 만약 유사 재산의 시가도 알 수 없다면 **최후의 수단으로서 보충적 평가방법을 통해 평가한 "기준시가"로 증여재산을 평가하는 것입니다.**

구분	평가방법	평가가액
1순위	해당 재산의 시가	해당 재산의 매매·감정·수용·경매·공매가액
2순위	유사 재산의 시가	유사 재산의 매매·감정·수용·경매·공매가액
3순위	보충적 평가방법	토지 – 개별공시지가
		건물 – 국세청장이 산정·고시하는 가액
		오피스텔 및 일부 상업용건물 – 국세청장이 산정·고시하는 가액
		주택 – 개별주택가격 또는 공동주택가격

「상속세 및 증여세법」 제61조, 「상속세 및 증여세법 시행령」 제49조

기준-2020-법령해석재산-0170, 2021.08.18.

회신 「상속세 및 증여세법 시행령」 제49조 제1항에 따른 평가기간 이내의 기간 중 같은 조 제4항에 따른 가액이 있는 경우에도 증여받은 재산("해당 재산")의 매매가액에 대하여 「상속세 및 증여세법 시행령」 제49조 제1항 각 호 외의 부분 단서를 적용할 수 있는 것임. 그리고, 「상속세 및 증여세법 시행령」 제49조 제1항 각 호 외의 부분 단서에 따른 해당 재산의 가액이 있는 경우에는 같은 조 제2항 각 호 외의 부분 단서에 따라 같은 조 제4항에 따른 가액을 적용하지 아니하는 것임.

04

부동산을 증여하려는데, 시가를 산정하기 어려워서 보충적 평가방법에 따라 기준시가로 평가하려고 합니다. 그런데 "임대 중인 부동산"이라면 평가방법이 달라지나요?

상황

A는 자녀 B에게 본인 소유의 상가 건물 및 부속 토지를 증여하려고 한다. 해당 상가는 1층 구조의 소규모 상가이며, 현재 타인에게 보증금과 월세를 받고 임대 중이다. 해당 상가 주변에 상업용 건물 등이 많지 않아서 시세를 알 수 없는 상황이기 때문에 보충적 평가방법에 따라 기준시가로 평가할 예정이다.

Q 증여받으려는 부동산의 시가를 알 수 없어서 보충적 평가방법에 따라 기준시가로 평가하려고 합니다. 그런데 그 부동산이 "임대 중인 부동산"이면 임대차 현황에 따라 평가금액이 달라질 수도 있나요?

A **달라질 수도 있습니다.** 왜냐하면 임대차계약이 체결된 부동산을 증여하는 경우에는 **해당 부동산을 "보충적 평가방법에 따라 평가한 가액(기준시가)"과 임대차 현황을 반영하여 계산한 "임대료 등 환산가액" 중 큰 금액으로 평가**하기 때문입니다.

👆 임대 중인 부동산을 증여하면 평가방법이 달라진다?

증여받은 재산을 평가하는 방법은 ① 우선 **해당 재산의 "시가"로 평가**하되, ② 해당 재산의 "시가"를 산정하기 어려운 경우에는 해당 재산과 **유사한 재산의 "시가"로 평가**하고, ③ 유사재산의 "시가"도 산정하기 어려운 경우에는 「상속세 및 증여세법」에서 정한 **보충적 평가방법에 따라 "기준시가"로 평가**합니다.

하지만 임대차계약이 체결되어 있는 부동산을 증여받는 경우에는 보충적 평가방법에 따른 "기준시가"와 임대보증금 및 월세 등을 기준으로 계산한 "임대료 등 환산가액" 중 큰 금액으로 평가합니다. 통상 임대보증금이나 월 임대료는 그 부동산의 객관적인 교환가치 범위 안에서 정해지는 것이 일반적입니다. 따라서 임대 중인 부동산에 대해서는 이러한 임대차 현황을 반영해 시가에 근접한 가액을 산정하고, 이를 근거로 세금을 부과하기 위해 "임대료 등 환산가액"이라는 평가방법을 추가로 인정하는 것입니다.

👆 "임대료 등 환산가액"은 어떻게 계산할까?

임대차계약이 체결된 부동산을 보충적 평가방법에 따라 평가하는 경우에는 "기준시가"와 "임대료 등 환산가액" 중 큰 금액으로 평가하는데, **여기서 "임대료 등 환산가액"이란 "1년간의 임대료를 0.12로 나눈 값"과 "임대보증금"의 합계액**을 말합니다.

예를 들어서 월세는 200만 원, 임대보증금은 5,000만 원인 조건으로 임대하고 있는 부동산을 증여했을 때 "임대료 등 환산가액"은 2억 5,000만 원{(200만 원×12개월)÷0.12+5,000만 원}이 됩니다. 만약 해당 부동산의 보충적 평가방법에 따른 기준시가가 2억 원이라면, 임대료 등 환산가액인 2억 5,000만 원이 더 크므로 이 금액으로 평가해야 합니다.

👆 해당 부동산의 시가가 존재하더라도, 임대 중인 부동산이면 항상 "임대료 등 환산가액"과 비교해서 평가해야 한다?

"임대료 등 환산가액"은 해당 임대 부동산의 시가와 유사 재산의 시가를 알 수 없어서 보충적 평가방법에 따른 "기준시가"로 평가할 때만 적용하는 것입니다. 따라서 임대 중인 해당 부동산의 시가나 유사 재산의 시가를 알 수 있다면, 임대료 등 환산가액과 비교할 필요 없이 해당 시가로 평가하면 됩니다.

👆 관련 법령 등

「상속세 및 증여세법」 제61조 제5항, 「상속세 및 증여세법 시행령」 제50조 제7항 사전-2020-법령해석재산-1133, 2021.06.04.

요약 평가기준일 현재 1동의 건물 중 일부가 임대되고 일부가 임대되지 않은 경우 임대된 부분과 임대되지 않은 부분을 구분하여 임대부분은 「임대료 등의 환산가액과 기준시가 중 큰 금액」으로, 공실은 「기준시가」로 평가하는 것임.

재경부재산-624, 2005.12.09.

회신 상속·증여일 현재 사실상 임대차계약이 체결된 경우에는 상속·증여일 이후 임대차계약이 개시되더라도 임대료 등의 환산가액과 기준시가 중 큰 금액으로 평가하는 것임. 다만, 상속·증여일 현재 2개의 임대차계약이 체결된 경우에는 상속·증여일 현재 임대차계약 기간 내인 임대차계약을 기준으로 평가하는 것임.

05

자녀에게 아파트를 증여하려고 합니다. 아파트의 시가는 부동산중개업소에서 알려주는 가격으로 적용하면 되겠죠?

👆 상황

A는 아파트 1채를 자녀 B에게 증여하고자 한다. 증여하려고 하는 아파트는 1,000세대가 넘는 대단지에 속해 있어서 최근까지 활발하게 거래가 이뤄지고 있다. 증여금액은 시가로 평가한다고 알고 있는데, 중개업소에 물어보니 대략적인 시세는 알려줘서 이 금액으로 신고하면 되는지 궁금하다.

Q 아파트를 증여하려고 하는데 중개업소에서 알려주는 시세대로 평가하면 되나요?

A 평가기간 내에 해당 아파트의 시가가 있다면 그 가액으로 평가하는 것이 원칙입니다. **하지만 그 가액이 없는 경우에는 해당 아파트와 유사한 아파트의 시가로 평가해야 합니다.** 이때 단순히 중개업소에서 알려주는 시세로 평가하는 것이 아니라, 세법에서 정한 요건을 갖춘 유사매매사례가액으로 평가해야 합니다.

👆 아파트를 증여하면 증여재산 평가는 주변 시세를 참고하면 된다?

아파트도 부동산이기 때문에 일반적인 부동산의 평가방법이 그대로 적용됩니다. 따라서 평가기간(증여일 전 6개월부터 증여일 후 3개월 이내) 중 ① "해당 아파트"의 매매 등(매매·감정·수용·경매 또는 공매)이 있는 경우에는 해당 가액으로 평가합니다. ② 만약 해당 아파트의 매매 등 가액이 없다면 그 아파트와 "유사한 아파트"의 매매 등 가액으로 평가합니다. ③ 해당 아파트의 매매 등 가액도 없고 유사한 아파트의 매매 등 가액도 없다면, 「상속세 및 증여세법」에서 정한 보충적 평가방법에 따라 "기준시가"로 평가하고, 이때 "기준시가"는 「부동산 가격공시에 관한 법률」에 따른 공동주택가격을 말합니다.

통상 **아파트의 경우, 같은 단지 내에 다른 호수가 매매된 사례가 있어서 평가기간 내에 유사매매사례가액이 존재하는 경우가 많습니다.** 따라서 실무적으로 아파트를 증여하는 경우 보충적 평가방법에 따른 "기준시가"로 평가하는 경우는 거의 없고, 현재 시세가 반영된 "유사매매사례가액"으로 결정되는 경우가 많습니다.

👆 유사매매사례가액으로 인정받기 위한 요건은?

증여받은 재산에 대한 평가를 할 때, 해당 재산과 면적·위치·용도·종목 및 기준시가가 동일하거나 유사한 다른 재산에 대한 매매 등의 가액이 있다면 그 가액("유사매매사례가액")으로 평가할 수 있는데, **아**

파트의 경우에는 "일정한 요건"을 갖춰야 이러한 유사매매사례가액으로 인정받을 수 있습니다.

여기서 "일정한 요건"이란 ① 평가대상 주택과 **동일한 공동주택단지 내**에 있고, ② 평가대상 주택과 주거전용면적의 차이가 **평가대상 주택의 주거전용면적의 5% 이내**여야 하며, ③ 평가대상 주택과 공동주택가격의 차이가 **평가대상 주택의 공동주택가격의 5% 이내**여야 합니다. 즉, 증여하는 해당 아파트와 같은 단지 내에 있는 비슷한 면적과 비슷한 기준시가를 가진 아파트의 매매 등 가액을 유사매매사례가액으로 인정하겠다는 것입니다.

평가기간 내의 유사매매사례가액이 둘 이상인 경우에는?

대단지 아파트의 경우 거래가 활발하다 보니 위에서 말한 조건을 충족한 유사매매사례가액이 둘 이상인 경우도 발생합니다. **이 경우 평가대상 아파트(증여받는 아파트)와 공동주택가격 차이가 가장 작은 아파트의 매매 등 가액으로 평가합니다.**

예를 들어서 2025년 10월에 아파트 A(평가대상 아파트)를 증여했는데 같은 단지 내에 동일 평수인 아파트 B가 8월에 10억 원에 거래되었고 아파트 C가 9월에 11억 원에 거래되었다고 가정해 보겠습니다. 또한 공동주택가격(기준시가)은 아파트 A가 7억 원, 아파트 B가 7억 1천만 원, 아파트 C가 7억 2천만 원이라고 가정해 보면 평가대상 아파트인 A의 공동주택가격과 차이가 가장 작은 아파트는 B이므로 B의 거래가격인 10억 원으로 평가해야 합니다. 즉 단순히 증여일과 가까운 날에 거래된 유사매매사례가액으로 평가하는 것이 아님에 유의해야 합니다.

👆 평가기간 내에는 유사매매사례가액이 없지만, 평가기간 밖에 유사매매사례가액이 있다면?

평가기간(증여일 전 6개월부터 증여일 후 3개월 이내의 기간)에는 유사매매사례가액이 없더라도, **평가기간에 해당하지 않는 기간**으로서 **① 증여일 전 2년 이내의 기간 중** 또는, **② 평가기간이 경과한 후부터 증여세의 결정기한[17]까지의 기간 중**에 유사매매사례가액이 있다면 **평가심의위원회의 심의를 거쳐** 해당 유사매매사례가액을 시가로 볼 수도 있습니다.

예를 들어서 아파트를 2025년 8월에 증여받았는데 평가기간 내의 기간 동안에는 같은 단지 내 비슷한 호수의 매매가 없었지만, 2025년 1월에 유사매매사례가액이 있었다면 평가심의위원회의 심의를 통해 해당 금액을 증여받은 아파트의 시가로 볼 수도 있습니다. 즉 해당 증여물건의 매매 등 가액은 물론 유사물건의 매매 등 가액도, 평가심의위원회의 심의를 거치면 시가로 인정받을 수 있는 것입니다.

---

17) "증여세의 결정기한"이란 증여세의 신고기한(증여일이 속한 달의 말일부터 3개월)부터 6개월을 말함.

「상속세 및 증여세법」 제60조, 「상속세 및 증여세법 시행령」 제49조, 「상속세 및 증여세법 시행령」 제50조, 「상속세 및 증여세법 시행규칙」 제15조 등

신고할 당시까지는 시가로 보는 금액이 없어서 기준시가로 신고했습니다. 그런데 나중에 유사재산의 매매 등이 발생해서 그 매매 등 가격을 시가로 보게 되면, 증여세도 추가로 내야 하고 가산세도 내야 하나요?

상황

A는 소규모 단지 내에 있는 아파트를 2025년 1월 중순에 증여받았다. 세대수가 적어서 2023년 이후부터 증여세 신고기한까지 단지 내 아파트가 거래된 가격이 없어서 보충적 평가방법에 따라 기준시가(공동주택가격) 5억 원으로 평가하여 신고했다. 그런데 2025년 7월에 같은 평형에 기준시가가 동일한 다른 층의 아파트가 7억 원으로 거래되었다는 이야기를 들었다. 평가기간 밖에 있는 유사매매사례가액이지만 평가심의위원회를 거치면 해당 가격을 기준으로 증여세를 다시 계산해야 할 수도 있다는 이야기를 들었다.

증여세 신고 이후에 시가로 보는 금액이 발생하면 증여세는 더 늘어날 수 있다?

평가기간(증여일 전 6개월부터 증여일 후 3개월 이내의 기간)에는 매매 등 가액이 없더라도, **평가기간에 해당하지 않는 기간**으로서 ① 증여일 전 2년 이내의 기간 중 또는, ② **평가기간이 경과한 후부터 증여세의 결정기한**[18]**까지의 기간 중**에 매매 등 가액이 있다면 **평가심의위원회의 심의를 거쳐** 해당 매매 등 가액을 시가로 볼 수도 있습니다.

과거 기간부터 평가기간 내 기간까지는 해당 재산과 유사 재산의 매매 등 가액이 없어서 보충적 평가방법에 따라 "기준시가"로 신고하였는데, 추후 증여세의 결정기한까지 기간 중 매매 등이 발생하는 경우가 간혹 발생합니다. 이 경우 평가심의위원회를 통해 해당 매매 등 가액이 "시가"로 인정된다면 해당 매매 등 가액을 기준으로 증여세를 다시 계

---

18) "증여세의 결정기한"이란 증여세의 신고기한(증여일이 속한 달의 말일부터 3개월)부터 6개월을 말함.

산해야 합니다. **따라서 당초 기준시가를 기준으로 계산한 증여세보다 재계산한 증여세가 더 크다면, 늘어난 증여세를 추가로 납부해야 하는 것입니다.**

👆 가산세도 추가로 내야 할까?

증여세를 신고기한 이내에 신고했으나 본래 신고해야 할 세액보다 적게 신고한 경우를 "과소신고"라고 합니다. **이렇게 증여세를 "과소신고"한 경우에는 당초보다 적게 낸 증여세액과 별도의 가산세(신고불성실가산세 및 납부지연가산세)가 추가로 부과되는 것이 원칙입니다.**

하지만 평가심의위원회의 심의를 거쳐서 평가기간 밖의 매매 등 가액을 시가로 보아 증여세를 더 부과하는 경우에는 예외적으로 가산세를 부과하지 않습니다. 왜냐하면 해당 사유로 인해 증여세액이 증가한 부분은 납세자의 귀책으로 인한 것은 아니기 때문입니다.

따라서 위의 상황에서 수증자 A가 증여받은 아파트에 대해 평가기간 내에는 시가가 없어서 보충적 평가방법에 따라 공동주택가격인 5억 원으로 신고했다가 추후 심의를 통해 평가기간 밖의 유사매매사례가액인 7억 원이 시가로 인정된다면, 이를 기준으로 증여세를 다시 계산하여 부과하기 때문에 증여세 자체는 늘어나지만 이에 대해 별도의 가산세는 부과하지 않습니다.

「상속세 및 증여세법 시행령」 제49조, 「국세기본법」 제47조의3 제4항, 「국세기본법」 제47조의4 제3항

07

상장주식을 증여받았다면, 증여금액은 어떻게 평가해야 하나요?

상황

A는 부모로부터 국내상장주식 500주와 해외상장주식 200주를 같은 날에 증여받았다. 이후 해외상장주식은 주가가 많이 올라서 일주일 후에 바로 처분했고, 국내상장주식은 아직 보유 중이다. 증여세를 계산하기 위해 증여금액을 평가해야 하는데, 주가가 계속 변동하고 있어서 어떻게 평가해야 하는지 궁금하다.

Q 상장주식을 증여받았다면 평가는 어떻게 하는 건가요?

A 거래소에서 상장되어 거래되는 주식은 증여일 이전·이후 각 2개월(총 4개월) 동안 공표된 매일의 거래소 최종 시세가액의 평균액으로 평가합니다.

상장주식을 증여받은 경우에는 시장에서 거래된 가액을 기준으로 평가한다?

유가증권시장과 코스닥시장에서 거래되는 상장주식을 증여받은 경우에는 증여일 이전·이후 각 2개월 동안 공표된 매일의 거래소 최종 시세가액의 평균액으로 평가합니다. 즉 증여일 이전 2개월부터 이후 2개월인 총 4개월 동안의 종가를 평균한 값을 증여재산가액으로 평가하는 것입니다. 예를 들어서 5월 20일(공휴일 아님)에 증여받은 경우에는 3월 21일부터 7월 19일까지의 종가 평균액으로 증여금액을 평가하는 것입니다.

이는 상장주식의 특성상, 매일 가격이 등락하는 특성이 있어 한 시점의 가격을 참고하는 것보다 특정기간(4개월) 동안 가격 추이를 반영하여 평가하는 것이 합리적이라는 점이 고려된 것입니다. 다만, 증여일이 공휴일인 경우에는 그 전일을 기준으로 하여 이전·이후 2개월 총 4개월의 종가 평균액을 평가금액으로 산정합니다. 예를 들어서 5월 25일(토요일)에 증여받은 경우에는 그 전날인 5월 24일을 기준으로, 3월 25일부터 7월 23일까지의 종가 평균액으로 증여금액을 평가하는 것입니다.

👆 상장주식을 증여받고 2개월이 되기 전에 팔았다면?

상장주식을 증여받고 즉시 팔더라도 증여가액에 대한 평가는 증여일 이전·이후 각 2개월 동안의 최종 시세가액(종가)으로 평가해야 합니다. 즉 증여받은 상장주식의 평가는 특정 기간 동안의 주가로 결정되므로, 증여받은 이후 해당 주식을 즉시 처분했더라도 평가방법 자체에 영향을 주는 것은 아닙니다.

신규 상장, 합병·분할 등으로 총 4개월 동안의 종가가 없는 경우에는?

상장주식의 증여재산가액을 평가할 때, 증여일 이전·이후의 기간이 4개월에 미달하는 경우에는 동 기간에 대한 최종시세가액의 평균액으로 평가합니다. 즉 증여일 이전·이후의 기간이 4월에 미달하더라도, 그 미달한 기간 동안의 종가를 기준으로 평가하는 것입니다.

예를 들어서 상장한 지 얼마 안 된 주식을 증여받아서 그 증여일 이전 2개월이 상장하기 전 기간부터 시작된다면, 상장일부터 증여일 이후 2개월이 되는 날까지의 기간을 기준으로 평가하는 것입니다. 상장일이 5월 1일이고 증여일이 6월 20일(공휴일 아님)인 경우에는 원칙적으로 4월 21일부터 8월 19일까지의 기간에 대한 종가의 평균액으로 평가해야 합니다. 하지만 증여일 이전 2개월인 4월 21일이 상장일인 5월 1일보다 이전이므로, 이 경우에는 상장일인 5월 1일부터 8월 19일까지의 기간으로 평가하는 것입니다.

또 다른 예로 증여일 이전 2개월부터 이후 2개월 사이에 합병·분할 등이 발생한 경우에는 이를 감안하여 평가기간을 산정해야 합니다. 즉 합병·분할 등의 사유가 증여일 이전 2개월부터 증여일까지의 기간 중 발생했다면 그 사유가 발생한 날의 다음 날부터 증여일 이후 2개월이 되는 날까지의 기간을 기준으로 평가해야 합니다. 반대로 합병·분할 등의 사유가 증여일부터 증여일 이후 2개월이 되는 날까지의 기간 중 발생했다면 증여일 이전 2개월부터 동 사유가 발생한 날의 전일까지의 기간을 기준으로 평가해야 합니다.

해외상장주식을 증여받은 경우에는?

해외증권시장(뉴욕거래소, 나스닥시장 등)에 상장되어 거래되는 주식을 증여받은 경우에는 국내상장주식을 평가하는 방법과 동일하게 평가합니다. 따라서 평가기준일(증여일) 이전·이후 각 2개월 동안 공표된 매일의 최종 시세가액의 평균액으로 계산하면 됩니다.

다만 해외상장주식의 경우에는 외화(달러 등)로 평가될 것이기 때문에 이를 원화로 환산하는 과정이 추가로 필요하고, 이때 "증여일 현재 고시되어 있는 기준환율 또는 재정환율"을 적용하여 평가합니다. 예를 들어서 미국의 거래소에 상장된 해외상장주식을 5월 10일(공휴일 아님)에 증여받았다면 3월 11일부터 7월 9일까지의 최종 시세가액의 평균액($)을 계산한 후, 외화($)로 계산된 평가금액에 증여일(5월 10일) 현재의 기준환율 또는 재정환율(원/$)로 환산하여 원화금액 기준의 평가금액을 산출하는 것입니다.

관련 법령 등

「상속세 및 증여세법」 제60조 제1항 제1호, 「상속세 및 증여세법」 제63조 제1항 제1호 가목, 「상속세 및 증여세법」 기본통칙 63-0-1

재산세과-460, 2012.12.26.

 외국의 증권거래소 등에서 거래되는 주식의 가액은 「상속세 및 증
여세법」 제63조 제1항 제1호 가목 및 같은 법 시행령 제58조 제1
항 제1호의 규정을 준용하여 평가하는 것이며, 그 평가한 가액의
원화 환산은 평가기준일 현재 「외국환거래법」 제5조 제1항에 따
른 기준환율 또는 재정환율을 적용하는 것임.

08 가상자산을 증여받아도 증여세를 내야 하나요?

👆 상황

> A는 비트코인(가상자산)을 보유하고 있고, 꽤 오래전에 매수했기 때문에 현재의 평가수익률은 높은 편이다. 현재 상황에서 비트코인을 팔아서 수익을 실현할지, 아니면 자녀에게 증여할지 고민 중이다.

Q 가상자산을 팔았을 때와 증여했을 때, 세금이 다르게 부과되나요?

A 2026.12.31.까지는 가상자산을 양도하여 차익을 얻어도 소득세를 과세하지 않습니다. 하지만 **가상자산을 증여받는 경우에는 증여세가 부과됩니다.**

👆 가상자산을 팔면 세금이 없고, 증여받으면 세금이 있다?

"가상자산"이란 경제적 가치를 지닌 것으로서 전자적으로 거래 또는 이전될 수 있는 전자적 증표(그에 관한 일체의 권리를 포함)를 말하는데(「가상자산 이용자 보호 등에 관한 법률」 제2조), 우리가 일반적으로 아는 비트코인, 이더리움, 리플 등이 이에 해당합니다.

가상자산 매매를 통해 시세차익을 얻은 경우에는 원칙적으로 소득세가 부과됩니다. 즉, 저렴하게 사서 비싸게 팔았다면 그에 따른 양도차익이 발생하고 이를 기타소득으로 보아 소득세를 부과하는 것입니다. **다만 이에 대한 실제 과세는 2027년 1월 1일 이후 양도하는 가상자산에 대해서 부과하기 때문에, 2026년 12월 31일까지는 가상자산을 양도하여 시세차익을 얻었더라도 소득세가 부과되지 않습니다.**

반면에 가상자산도 경제적 가치를 지닌 자산이기 때문에 이를 타인이 증여받는 경우에는 증여세가 부과됩니다. 즉 가상자산을 팔아서(유상이전) 얻은 소득에 대해서는 현재 세금을 부과하지 않고 있지만, 가상자산을 증여(무상이전)하는 경우에는 증여세가 부과됨에 유의해야 합니다.

구분	"양도"했을 때	"증여"받았을 때
과세대상	소득세(기타소득)	증여세
과세시기	2027.1.1. 이후 양도하는 분부터 적용 (2026.12.31.까지 양도하는 분은 과세제외)	과세대상 포함

👆 가상자산을 증여받은 경우, 주식과 비슷한 방법으로 평가한다?

가상자산을 증여받은 경우에는 상장주식을 평가하는 방법과 유사한 방법으로 증여가액을 평가합니다. 가상자산사업자 중 국세청장이 고시하는 가상자산사업자[19]의 사업장에서 거래되는 가상자산인 경우에는 **증여일이 이전·이후 각 1개월 동안에 해당 가상자산사업자가 공시하는 일평균가액의 평균액으로 평가합니다.**

상장주식과 마찬가지로 가상자산도 거래소를 통해 다수의 투자자 간에 실시간으로 거래되면서 가격이 지속적으로 변동합니다. 이에 단기 급등·락에 따른 평가의 왜곡을 방지하기 위해, 일정기간의 일평균가액을 반영하여 금액을 산정하는 것입니다.

👆 관련 법령 등

「상속세 및 증여세법」 제60조 제1항 제2호, 「상속세 및 증여세법」 제65조 제2항, 「소득세법」 제21조 제1항 제27호

---

19) 국세청장이 고시하는 가상자산사업자란 두나무(주), ㈜빗썸코리아, ㈜코빗, ㈜코인원, ㈜스트리미를 말함.

증여세 신고와 납부

01

증여세 신고와 납부는 언제까지 해야 되나요?

상황

A는 아버지에게 현금을 증여받기로 했다. 증여계약서는 5월 중순에 작성하고 5월 말일에 증여받기로 약정했는데, 실제로는 6월 초에 계좌로 현금을 이체받았다. 증여를 받으면 증여세를 신고하고 납부해야 한다고 하는데 언제까지 해야 하는지 궁금하다.

Q 증여세를 신고하고 납부하려고 합니다. 언제까지 하면 되나요?

A **증여세 신고와 납부는 "증여받은 날"이 속하는 달의 말일부터 3개월 이내에 해야 합니다.** 따라서 증여계약 체결일이나 계약서상 증여받기로 한 날이 아니라, 실제로 증여받은 날을 기준으로 기한을 따져봐야 합니다.

증여세는 "증여받은 날"을 기준으로 신고·납부해야 한다?

수증자는 "증여받은 날"이 속하는 달의 말일부터 3개월(공휴일인 경우 그 다음 날) 이내에 증여세의 과세가액 및 과세표준을 납세지 관할 세무서장에게 신고해야 하고 관련 증여세도 납부해야 합니다. 이때 수증자가 국내에 주소나 거소가 없는 비거주자라고 하더라도 동일하게 3개월의 신고기한에 맞춰서 증여세 신고·납부를 해야 합니다.

위의 상황처럼 증여계약서는 5월 중순에 작성하고 5월 말일에 증여받기로 했지만 실제로는 6월에 증여받은 경우라면, 실제 증여받은 6월의 말일부터 3개월인 9월 말일까지 증여세를 신고·납부해야 합니다. 즉 증여계약서를 작성한 날이나 계약서상 증여받기로 한 날은 실제 증여받은 날은 아니므로, 이때부터 기한을 계산하는 것이 아님에 유의해야 합니다.

납부할 증여세가 없으면 신고하지 않아도 된다?

수증자는 납부할 증여세가 없다고 하더라도 증여세를 신고할 의무가 있습니다. 왜냐하면 납세자가 일단 증여받은 사실에 대해서 신고를 해야 이 신고내용을 근거로 과세관청은 부과할 세금이 있는지 없는지 검토·확인할 수 있기 때문입니다.

하지만 증여받은 금액이 증여재산공제에 미달하는 등의 이유로, 실제로 납부할 증여세가 없는 경우에는 증여세 신고를 하지 않더라도 가산세 등의 금전적 불이익은 없습니다. 즉, 납부할 증여세가 있으면 무신고에 따른 불이익이 있고 납부할 증여세가 없다면 이에 따른 불이익은 없는 것입니다.

👆 신고기한 내에 증여세를 신고하면 세금을 깎아준다?

수증자가 증여세 과세표준을 신고기한 내에 신고한 경우에는 "증여세 신고세액공제"를 적용해 줍니다. 여기서 "증여세 신고세액공제"란 납부해야 할 증여세액의 3%를 공제하여 세금을 줄여주는 것을 말합니다. 이는 증여세의 성실신고를 유도하기 위한 인센티브의 일종이라고 이해하면 됩니다.

"증여세 신고세액공제"는 정해진 신고기한 이내에 증여세 과세표준을 신고하기만 해도 적용받을 수 있기 때문에, 신고 후 실제로 세금을 납부하지 않았더라도 신고세액공제를 적용받을 수 있습니다.

👆 관련 법령 등

「상속세 및 증여세법」 제68조, 「상속세 및 증여세법」 제69조, 「상속세 및 증여세법」 기본통칙 69-0-1

서면인터넷방문상담4팀-1625, 2007.05.15.

> 회신 부동산을 증여받은 경우 증여재산 취득시기는 소유권이전등기접수일이며, 증여세 과세표준 신고기한은 그 날로부터 3월이 되는 날이 되는 것임. (※ 현행법상 소유권이전등기접수일이 속한 달의 말일부터 3개월 이내가 신고기한이 됨)

02

수년 전에 증여를 받았는데 증여세 신고는 하지 않았습니다. 국세청이 한참 후에 이 사실을 알게 되면 증여세가 부과될 수 있나요?

상황

A는 과거 8년 전에 아버지로부터 현금을 계좌이체로 증여받았고 따로 신고하지는 않았다. 지금까지 국세청에서 따로 연락이 온 적은 없었고 오래전 일이라서 크게 문제가 없을 것 같다고 생각했는데, 주변 지인의 말에 따르면 나중에라도 이 사실이 밝혀지면 국세청은 세금을 부과할 수 있다고 해서 걱정이다.

Q 국세청은 오래전에 증여받은 부분에 대해서도 증여세를 부과할 수 있나요?

A 증여세 과세표준 신고를 하지 않은 경우, 국세청은 15년 전에 증여받은 분에 대해서도 증여세를 부과할 수 있습니다.

👆 국세를 부과할 수 있는 기간에는 제한이 있다?

국가가 국세를 부과할 수 있는 **법적 권한의 행사 가능 기한을 국세의 "부과제척기간"이라고 합니다.** 이러한 "부과제척기간"이 지나면 추후 세금 누락의 사실을 알게 되더라도 그와 관련한 세금을 부과할 수 없고 납세의무도 자동적으로 소멸하게 됩니다. 만약 세금 부과를 무기한으로 허용한다면 납세자의 법적안정성 및 예측가능성을 침해할 수 있고, 수십 년 전의 과세사실을 포착하여 공정한 조세행정을 집행한다는 것은 현실적으로 불가능하기 때문에 이러한 "부과제척기간"을 두고 있는 것입니다.

👆 증여세를 부과할 수 있는 부과제척기간은?

증여세의 부과제척기간은 해당 "증여세를 부과할 수 있는 날"부터 10년으로 하고, 증여세 과세표준 신고를 하지 않으면 15년으로 합니다. 일반적인 소득세, 법인세 등의 경우 그 부과제척기간이 5년 또는 무신고한 경우 7년을 적용하는 것에 비해, 증여세는 그보다 더 긴 부과제척기간을 부여하고 있습니다. 따라서 증여세 신고를 하지 않은 경우에는 그 증여세를 부과할 수 있는 날로부터 최소 15년은 지나야만 조세 부과에서 벗어날 수 있는 것입니다.

구분		부과제척기간
일반 세목 (소득세, 법인세 등)	원칙	5년
	무신고한 경우	7년
	사기·기타 부정한 행위로 국세를 포탈한 경우	10년
상속세·증여세	원칙	10년
	무신고한 경우	15년
	거짓·누락신고한 경우	
	부정행위로 포탈한 경우	

👆 "증여세를 부과할 수 있는 날"(제척기간의 기산일)이란?

"부과제척기간"은 과세관청이 부과권을 행사할 수 있는 기간을 말하기 때문에, 제척기간의 시작점인 기산일이 언제인지가 중요합니다. 일반적으로 과세표준과 세액을 신고하는 국세의 경우, 해당 국세의 과세표준과 세액에 대한 신고기한("과세표준신고기한"이라고 함)의 다음날을 말합니다. **따라서 증여세 또한 과세표준과 세액을 신고하는 국세이므로, 증여세의 부과제척기간의 기산일은 증여세 과세표준신고기한(증여일이 속한 달의 말일부터 3개월)의 다음 날이 됩니다.**

즉, 2025년 6월 중 증여받고 무신고한 경우에는 증여세를 부과할 수 있는 날인 제척기간의 기산일은 2025년 10월 1일(신고기한인 9월 말일의 다음 날)이 되고, 이때부터 15년간 과세관청은 해당 증여 사실을 포착하면 증여세를 부과할 수 있는 것입니다.

관련 법령 등

「국세기본법」 제26조의2 제4항

03 증여세 신고를 하지 않거나, 신고를 잘못하면 어떤 불이익이 있나요?

상황

> A는 아버지로부터 5개월 전에 현금 증여를 받았는데 아직까지 증여세 신고를 하지 않았다. B는 어머니로부터 6개월 전에 상장주식 100주를 증여받아서 증여세금을 2,000만 원 신고했어야 하는데, 실제 신고할 때에는 90주만 증여받은 것으로 하여 증여세금을 1,800만 원만 신고했다.

Q 신고·납부해야 할 증여세가 있는데도 증여세를 신고하지 않거나, 세금을 적게 신고했다면 어떤 불이익이 있나요?

A 신고의무를 제대로 이행하지 않음에 따른 **"신고불성실가산세"**와 납부를 제대로 하지 않음에 따른 **"납부지연가산세"**가 추가로 부과됩니다.

증여세를 기한 내에 신고하지 않으면 "무신고가산세"가 부과된다?

증여받은 사실에 대하여 증여세 신고기한 이내에 신고하지 않은 경우를 "무신고"라고 하는데, **이렇게 증여세를 무신고하는 경우에는 본래 내야 했을 증여세액과 별도로 신고불성실가산세가 추가로 부과됩니다.**

이때 무신고에 따라 부과되는 신고불성실가산세를 "무신고가산세"라고 하고, **이러한 "무신고가산세"는 본래 내야 했을 증여세액의 20%가 부과됩니다.** 예를 들어서 증여세를 1,000만 원 신고해야 했을 수증자가 신고기한 이내에 증여세를 신고하지 않았다면, 본래 내야 할 증여세인 1,000만 원과 별도로 200만 원(1,000만 원×20%)의 무신고가산세를 추가로 부담해야 합니다.

👆 증여세를 기한 내에 신고했지만, 본래 신고해야 했을 세금보다 적게 신고했다면 "과소신고가산세"가 부과된다?

증여받은 사실에 대하여 증여세 신고기한 이내에 신고했더라도, 본래 신고해야 할 증여세보다 적게 신고한 경우를 "과소신고"라고 하는데, **이렇게 증여세를 과소신고하는 경우에는 그 과소신고한 증여세액과 별도로 신고불성실가산세가 추가로 부과됩니다.**

이때 과소신고에 따라 부과되는 신고불성실가산세를 "과소신고가산세"라고 하고, **이러한 "과소신고가산세"는 과소신고한 증여세액의 10%가 부과됩니다.** 예를 들어서 증여세를 1,000만 원 신고해야 했을 수증자가 신고기한 이내에 800만 원의 증여세를 신고했다면, 과소신고한 증여세액은 200만 원이 되고 여기의 과소신고가산세 20만 원 (200만 원×10%)을 추가로 부담해야 합니다.

🖐 신고기한이 지난 후에라도 제대로 신고한다면?

증여세를 무신고한 자가 기한이 지나서 증여세를 신고하는 경우를 "기한후신고"라고 하고, 증여세를 과소신고한 자가 다시 제대로 계산한 증여세를 신고하는 경우를 "수정신고"라고 합니다. 이렇게 증여세를 "기한후신고" 또는 "수정신고"한 경우에는 본래 부과했어야 할 신고불성실 가산세의 일부를 감면해 줍니다.

① 먼저 증여세를 "기한후신고"한 경우에는 그 기한후신고를 언제 했느냐에 따라 최대 50%에서 최하 20%까지 무신고가산세를 감면받을 수 있습니다. 예를 들어서 증여세를 1,000만 원 신고해야 했을 수증자가 신고기한 이내에 증여세를 신고하지 않았으나, 그 신고기한이 지난 후 1개월 이내에 기한후 신고 할 경우 본래의 무신고가산세인 200만 원(1,000만 원×20%) 중 50%를 감면하여 100만 원의 가산세만 납부하면 됩니다.

② 다음으로 증여세를 "수정신고"한 경우에는 그 수정신고를 언제 했느냐에 따라 최대 90%에서 최하 10%까지 과소신고가산세를 감면받을 수 있습니다. 예를 들어서 증여세를 200만 원 과소신고한 수증자가 본래의 신고기한이 지난 후 1개월 이내에 수정신고 할 경우 본래의 과소신고가산세인 20만 원(200만 원×10%) 중 90%를 감면하여 2만

원의 가산세만 납부하면 됩니다.

구분	감면율	
	"기한후신고"한 경우	"수정신고"한 경우
1개월 이내	50%	90%
1개월 초과 3개월 이내	30%	75%
3개월 초과 6개월 이내	20%	50%
6개월 초과 1년 이내		30%
1년 초과 1년 6개월 이내	감면 없음	20%
1년 6개월 초과 2년 이내		10%

　이렇게 신고불성실가산세에 대하여 감면혜택을 주는 이유는 납세자 스스로 "기한후신고"나 "수정신고"를 통해 자진해서 시정하도록 유도하기 위함입니다.

신고불성실가산세뿐만 아니라, 이자성격의 가산세도 부과된다?

　보통 증여세를 무신고 또는 과소신고한 경우에는 관련 증여세금도 납부하지 않은 경우가 많은데, 이 경우 신고·납부기한까지 미납한 세액에서 신고·납부기한의 다음 날부터 실제 납부일까지의 일수에 0.022%를 곱한 금액을 "납부지연가산세"로 납부해야 합니다. 예를 들어서 납부기한까지 납부해야 할 증여세액 1,000만 원을 전액 납부하지 않다가 그 후 100일이 지나서 납부한다면, 이때에는 납부지연가산세 22만 원(1,000만 원×100일×0.022%)을 추가로 납부해야 합니다. 즉, 1년 이자율로 환산하면 약 8%의 이자만큼을 일수로 계산하여 가산세로 내야 하는 것입니다.

이는 납세자의 세금납부 지연을 방지하도록 유도하려는 목적과 더불어, 본래라면 납부기한까지 국고로 수납되어야 할 세금이 늦게 수납됨에 따라 국가 입장에서는 그 기한에 해당하는 이자상당액만큼 손실을 본 것이므로 이를 보전하려는 목적도 가지고 있습니다.

관련 법령 등

「국세기본법」제47조의2, 「국세기본법」제47조의3, 「국세기본법」제47조의4, 「국세기본법」제48조 제2항

증여재산공제를 적용해 보니 낼 세금은 없던데, 그래도 신고는 꼭 해야 하나요?

상황

A는 배우자인 B에게 6억 원을 증여했다. 지금까지 배우자에게 재산을 증여했던 적은 없었기 때문에 6억 원까지는 세금이 없다고 해서 증여를 했고, 지인의 말로는 어차피 낼 세금이 없으면 증여세 신고를 하지 않아도 된다고 한다.

Q 증여재산공제가 적용되는 범위 내의 금액을 증여받았습니다. 이 경우 납부할 세금은 없으니까 증여세 신고는 하지 않아도 되겠죠?

A 납부할 세금의 유무와 관계없이 증여세 신고는 하는 것이 원칙이지만, **낼 세금이 없다면 신고를 하지 않더라도 가산세 등 금전적인 불이익은 없습니다.**

내야 할 세금이 없어도 증여세 신고의무는 있다?

수증자는 증여받은 날이 속하는 달의 말일부터 3개월 이내(공휴일인 경우 그 다음 날)에 증여세 신고를 해야 하며, 증여재산공제 등으로 인해 **실제로 납부할 증여세액이 없더라도 신고하는 것이 원칙입니다.** 왜 냐하면 증여세 신고의무를 부여한 목적이 세금의 징수뿐만 아니라, 증 여사실을 포착하기 위함도 있기 때문입니다.

다만, 증여로 인해 실제 발생한 증여세액이 없다면 증여세 신고를 하 지 않더라도 가산세 등의 금전적인 불이익이 발생하지는 않습니다. 신 고를 하지 않으면 "신고불성실 가산세"와 "납부지연가산세"가 부과될 수 있지만, 해당 가산세를 부과하기 위해서는 일단 본래 납부할 세액이 있음을 전제로 합니다. 따라서 증여재산공제 등을 적용한 결과, 납부할 증여세액이 없다면 관련한 가산세도 부과되지 않는 것입니다.

🫵 내야 할 세금이 없더라도 나중을 위해서는 증여세 신고를 하는 것이 좋다?

증여세 신고를 한 금액(수증재산)은 추후 재산을 취득하거나 채무를 상환했을 때 적정한 자금의 원천으로 인정되므로, **내야 할 증여세가 없 더라도 증여세 신고를 하는 것이 바람직합니다.** 또한 증여세를 신고하 지 않으면 해당 재산을 수증 받은 자가 차명으로 보유한다는 의심을 살 수도 있기 때문에 이러한 오해를 사지 않기 위해서는 사전에 증여 세 신고를 해두는 것이 좋습니다.

🫵 관련 법령 등

「상속세 및 증여세법」 제68조, 「국세기본법」 제47조의2, 「국세기본 법」 제47조의4

서면-2020-상속증여-1689, 2020.06.30.

요약 증여세 과세가액이 증여재산공제액에 미달하는 경우에는 증여세 신고를 하지 않더라도 가산세 부과 등의 불이익이 없는 것임.

05

증여세가 많이 발생했는데 한 번에 다 납부해야 하나요?

👆 상황

> A는 이번에 어머니로부터 상가건물과 토지를 증여받았다. 이에 대한 증여세를 계산해 보니 약 1억 2천만 원 정도 발생할 것으로 예상되는데, 당장 3개월 이내에 세금으로 납부할 현금을 구하기가 어려운 상황이다. 증여세를 꼭 납부기한까지 한 번에 내야 하는지, 아니면 나눠서 천천히 낼 수 있을지 궁금하다.

Q 증여세가 많이 발생했는데 당장 수중에 세금으로 낼 현금이 부족합니다. 반드시 납부기한까지 전액을 다 내야 하나요?

A 납부해야 할 증여세가 일정금액을 초과하는 경우에는 한 번에 세금을 내지 않고 "분납" 또는 "연부연납"을 통해 분할하여 납부할 수도 있습니다.

👆 내야 할 증여세가 많으면 나눠서 낼 수도 있다?

수증자는 증여세 신고기한까지 증여세를 신고하고 납부해야 합니다.

따라서 "증여받은 날"이 속하는 달의 말일부터 3개월 이내(공휴일인 경우 그 다음 날)에 증여세 신고를 하고 납부도 하는 것이 원칙입니다.

다만, 납부해야 할 증여세액이 1천만 원을 초과하는 경우에는 일부 금액을 납부기한이 지난 후 2개월 이내에 분할납부할 수 있는데 이를 "분납"이라고 합니다. ① 납부할 세액이 1천만 원을 초과하나 2천만 원 이하라면, 본래 납부기한까지는 1천만 원을 내고 그 납부기한이 지난 후 2개월 이내에 나머지 금액을 낼 수 있습니다. 예를 들어서 5월에 증여를 받았고 증여세가 1,500만 원인 경우, 8월 말일까지 1,000만 원을 납부하고 나머지 500만 원은 10월 말일까지 납부할 수 있습니다. ② 납부할 세액이 2천만 원을 초과한 경우라면, 본래 납부기한까지는 총세액의 50% 이상을 내고 그 납부기한이 지난 후 2개월 이내에 나머지 금액을 낼 수 있습니다. 예를 들어서 5월에 증여를 받았고 증여세가 3,000만 원인 경우, 8월 말일까지 1,500만 원을 납부하고 나머지 1,500만 원은 10월 말일까지 납부할 수 있습니다.

납부할 세액	신고기한 내 납부세액	분납가능한 세액
2천만 원 이하	1천만 원	1천만 원 초과금액
2천만 원 초과	납부할 세액의 50% 이상	납부할 세액의 50% 이하

더 오랫동안 나눠서 낼 수도 있다?

수증자가 납부해야 할 증여세가 2천만 원을 초과하는 경우에는 관할 세무서장의 허가를 받아 최대 5년 동안 나눠서 납부할 수 있는데 이를

"연부연납"이라고 합니다. 증여의 경우 일시에 큰 금액의 재산을 받는 경우가 많고 이에 따라 납부해야 할 증여세도 큰 경우가 많은데, 만약 증여받은 재산이 부동산 등의 환가가 어려운 재산이라면 세금 납부를 위한 금전을 마련하는 것이 큰 부담일 수 있습니다. 이런 상황에서 납세의무자에게 분할납부와 기한유예의 편익을 제공하고자 "연부연납"을 할 수 있도록 허용하고 있습니다.

이렇게 "연부연납"으로 증여세를 납부할 경우, 매년 납부할 금액은 1천만 원을 초과하도록 계산합니다. 예를 들어서 납부해야 할 증여세액이 총 1억 2천만 원인 경우, 본래 신고기한까지 2천만 원을 납부하고 나머지 금액은 그 후 5년 동안 각 회당 2천만 원씩 납부해야 합니다. 또 다른 예로 납부해야 할 증여세액이 총 4,400만 원인 경우, 본래 신고기한까지 1,100만 원을 납부하고 나머지 금액은 그 후 3년 동안 각 회당 1,100만 원씩 납부해야 합니다. 즉, 최대 5년 동안 나눠서 낼 수 있지만 그 나눠 내는 금액은 최소한 1천만 원을 초과하도록 연부연납 기간을 설정할 수 있는 것입니다.

🖞 연부연납을 신청하면 오랫동안 나눠 내는 대신, 세금은 더 많이 내야 한다?

연부연납 허가를 받아 증여세를 내는 경우에는 본래 내야 할 증여세액 뿐만 아니라 "연부연납 가산금"을 추가로 납부해야 합니다. 여기서 "연부연납 가산금"은 연부연납을 허가한 총 세액에서 직전 회까지 납부한 분할납부 세액의 합산금액을 뺀 잔액에 대하여, 직전 회의 분할납부 세액 납부기한의 다음 날부터 해당 분할납부기한까지의 일수에 연 3.1%를 곱하여 계산한 금액을 말합니다. 이렇게 "연부연납 가산금"을 추가로 부과하는 이유는 본래라면 일시에 세금을 냈어야 하지만, 연부연납을 통해 장기간 세금납부를 유예받은 만큼 기한의 이익을 본 것이므로 이에 대한 이자상당액만큼을 추가로 내라는 것입니다.

예를 들어서 1억 2천만 원의 증여세가 발생하여 5년 동안 연부연납을 허가받았다면 본래 내야 할 증여세에 더해서 총 930만 원의 연부연납 가산금(연 3.1%, 1년을 365일로 가정)을 추가로 부담해야 합니다. 즉 매년 미납잔액에 대한 이자상당액을 연부연납 가산금으로 내야 하는 것이며, 매년 연부연납세액을 납부함에 따라 미납한 잔액은 줄어들기 때문에 "연부연납 가산금"도 점점 줄어들게 됩니다.

구분	연부연납세액	연부연납 가산금
본래 납부기한	2,000만 원	–
1년	2,000만 원	310만 원
2년	2,000만 원	248만 원
3년	2,000만 원	186만 원
4년	2,000만 원	124만 원
5년	2,000만 원	62만 원
합계	1억 2,000만 원	930만 원

👆 "연부연납"을 허가받은 이후라도 여유가 생기면 세금을 일시에 납부할 수 있다?

연부연납 허가를 받은 납세의무자는 연부연납할 세액의 전부 또는 일부를 연부연납에 따른 납부기한 전에 납부할 수도 있습니다. 연부연납을 허가받은 경우 본래 납부할 증여세를 최대 5년간 분할하여 납부할 수 있지만 기한의 이익을 얻은 만큼 연부연납 가산금이 추가로 발생합니다. **이러한 연부연납 가산금을 줄이기 위해서 목돈이 생겼을 때 세금을 일시에 납부할 수도 있는 것입니다.**

👆 "연부연납"을 허가받으려면 담보를 제공해야 한다?

증여세는 납부할 세액이 2천만 원을 초과할 경우 최대 5년 동안 연부연납할 수 있도록 기한의 이익을 부여하고 있는데, 과세관청 입장에서는 긴 시간 동안 납세의무자가 성실히 납부하도록 유도하기 위한 장치가 필요합니다. 따라서 **과세관청은 납세의무자가 연부연납을 신청할 때 납세담보를 제공해야 연부연납을 허가 해줍니다.**

제공하는 납세담보는 ① 금전, ② 유가증권(국채, 수익증권, 상장주식 등), ③ 납세보증보험증권, ④ 납세보증서, ⑤ 토지, ⑥ 보험에 든 등기·등록된 건물, 공장재단, 광업재단, 선박, 항공기 또는 건설기계 중 하나여야 합니다. 이때 연부연납 가산금을 포함한 증여세의 120%(금전, 납세보증보험증권, 납세보증서의 경우 110%) 이상의 가액에 상당하는 담보를 제공하여야 합니다.

👆 관련 법령 등

「상속세 및 증여세법」 제70조, 「상속세 및 증여세법」 제71조, 「상속세 및 증여세법」 제72조, 「국세기본법」 제18조

기획재정부재산세제과-158, 2018.02.27.

> **회신** 내국인이 「상속세 및 증여세법」 제71조에 따른 <u>연부연납 시 특수관계인이 소유하는 재산을 납세담보로 제공하는 것은 증여세 과세대상에 해당하지 아니하는 것임.</u>

재삼 46014-92, 1997.01.16.

> **회신** 「상속세법 시행령」(1996.12.31. 제15193호 개정 전 법률) 제21조 제1호의 규정에 의한 <u>납부할 금액에 미달하게 납부한 경우에도</u> 구「상속세법」(1996.12.30. 제5193호 개정 전 법률) 제28조 및 같은 법 시행령 제20조의 규정에 의하여 <u>연부연납을 허가할 수 있는 것</u>이나, 같은 법 시행령 제21조 제1호에 규정하는 금액에 미달하게 납부한 때에는 그 미달하게 납부한 금액에 대하여 납부불성실 가산세가 적용됨.

제도 46014-11698, 2001.06.26.

> **회신** 연부연납신청 시 <u>제3자 소유의 부동산으로 납세담보의 제공이 가능한 것</u>이나, 공급된 담보가 부적합한 것으로 판단되는 경우 소관 세무서장은 담보변경의 요구를 할 수 있고 이에 불응시 연부연납을 불허할 수 있음.

상속증여세과-70, 2013.04.25.

 연부연납허가를 신청하여 허가통지를 받은 자가 연부연납기간 중에 연부연납세액의 전부 또는 일부를 일시에 납부하기 위하여 그 사실을 서면으로 신청하는 경우 관할 세무서장은 연부연납세액의 전부 또는 일부를 일시에 납부하도록 허가할 수 있으며, 이 경우 연부연납 가산금은 변경된 연부연납기간에 따라 계산하여 징수하는 것임.

06 부동산만 증여받은 경우, 해당 부동산으로 세금을 낼 수도 있나요?

👆 상황

A는 할아버지와 할머니가 공동으로 소유하고 있던 오피스텔 5채를 증여받았다. 그러나 본인이 현재 보유한 현금도 없고 은행대출도 제한이 된 상황이라 당장 증여세를 어떻게 낼지 걱정이다. 증여받은 오피스텔 중 1채로 세금을 납부하면 될 것 같은데, 현금이 아닌 부동산으로도 세금을 낼 수 있는지 궁금하다.

Q 증여세를 금전이 아닌 부동산 등으로도 낼 수 있나요?

A **2016년 이후부터는 증여세를 "물납"할 수 없습니다.** 다만, 상속세의 경우에는 일정한 요건에 해당하면 물납이 가능합니다.

👆 증여세는 꼭 금전으로만 내야 하나?

세금은 아주 예외적인 경우를 제외하고는 금전을 통해서만 납부가 가능하며, 납부의 시기를 본래 납부기한보다 미루거나 납부횟수를 여러 번에 나누는 것이 가능할 뿐입니다.

따라서 증여받은 재산이 금전 이외의 부동산 등이라고 할지라도, 그 증여로 발생한 증여세의 납부는 반드시 금전으로 해야 합니다. 이에 따라 세금 납부를 위한 현금 마련을 위해 증여받은 재산을 처분해야 하는 상황이 발생할 수도 있습니다.

👆 "물납"이 가능한 경우도 있다?

아주 예외적으로 "상속세"를 납부하는 경우에는 금전이 아닌 부동산 등으로 세금을 납부할 수도 있는데, 이를 "물납"이라고 합니다. 이때 상속세이기만 하면 "물납"이 허용되는 것은 아니고 일정한 요건을 갖춰야만 가능합니다. 이때 일정한 요건이란 ① 상속새산 중 부동산과 유가증권의 가액이 상속재산가액의 50%를 초과하고, ② 상속세 납부세액이 2천만 원을 초과하며, ③ 상속세 납부세액이 상속재산가액 중 금융재산의 가액을 초과한 경우를 말합니다. 즉, 상속세라고 하더라도 항상 "물납"이 허용되는 것은 아니고 상속받은 재산 중 대부분이 금전 외의 자산이라서 상속세를 금전으로 낼 여력이 없다고 인정되는 경우에만 가능한 것입니다.

👆 관련 법령 등

「상속세 및 증여세법」 제73조

증여세 절세TIP

국세청 출신 세무사가 쉽게 알려드립니다.
당신이 궁금해 하는 증여세의 모든 것

혼인 전 부모님에게 빌린 돈에 대한 채무를 면제받으려고 합니다. 그런데 채무를 직접 면제받는 경우에는 혼인에 따른 추가 공제가 안 된다고 알고 있는데, 이 경우에도 활용할 수 있는 절세방법이 있을까요?

상황

A는 부모에게 1억 원을 빌려 신혼집 전세자금에 보탰다. 그런데 혼인한 자녀는 부모에게 1억 원을 증여받아도 증여세가 없다는 이야기를 들었다. 이게 사실이라면, A는 부모에게 빌렸던 1억 원에 대한 채무를 면제받을 생각이다.

Q 채무면제로 얻은 증여이익에 대해서도 혼인·출산 등 증여재산공제를 받을 수 있나요?

A 채무면제로 얻은 증여이익에 대해서는 혼인·출산 등 증여재산공제를 적용받을 수 없습니다. 하지만 현금을 증여받은 것에 대해서는 공제 적용이 가능하므로, **부모로부터 추가로 현금을 증여받은 후 해당 채무를 직접 상환하는 것이 절세 측면에서 유리합니다.**

👆 채무면제로 얻은 이익에 대해서는 혼인·출산 등 증여재산공제를 적용받을 수 없다?

거주자가 직계존속으로부터 2024년 1월 1일 이후 증여받은 경우로서 ① 혼인일(혼인신고일을 말함) 전·후 2년 이내에 증여받은 경우 및 ② 자녀의 출생일(또는 입양일)부터 2년 이내에 증여받은 경우에는 1억 원을 추가로 공제받을 수 있습니다. 이때 증여재산이 반드시 금전일 필요는 없고, 그 증여받은 재산의 사용목적도 꼭 결혼자금일 필요는 없습니다.

그러나 채무면제로 인해 얻은 무상이익에 대해서는 혼인·출산 등 증여재산공제를 적용받을 수 없습니다. 따라서 혼인한 자녀가 부모로부터 금전 채무를 부담하고 있는데, 이러한 채무를 면제하는 약정으로 채무면제이익을 얻었다면 1억 원의 추가 공제를 받을 수 없어 예기치 못한 증여세가 발생할 수 있습니다.

👆 "혼인·출산 등 증여재산공제"를 적용받으면서 채무면제 효과를 얻을 수 있는 방법은?

채무를 직접 면제받는 것이 아니라 추가로 현금을 증여받은 후 채무를 상환하면, 증여세 없이 채무면제 효과를 얻을 수 있습니다. 위의 상황에서 혼인한 자녀가 부모로부터 1억 원을 빌렸고, 이 채무를 직접 면제받는다면 추가적인 공제를 받을 수 없기 때문에 1억 원에 대한 증여세가 부과될 수 있습니다. 하지만 자녀가 부모로부터 추가로 1억 원의 금전을 증여받으면 추가적인 공제를 받아 이에 대한 세금부담은 발생하지 않을 것이고, 이 증여받은 금전으로 본래의 채무를 상환하면 결국 세금부담 없이 채무를 상환할 수 있습니다. **결과적으로 둘 다의 경우 모두 자녀가 부담할 채무 1억 원이 없어지는 것은 동일하나, 전자의 경우에는 추가공제가 적용되지 않아 증여세가 발생할 수 있는 반면에 후자의 경우는 추가 공제가 적용되어 증여세를 부담하지 않아도 되는 것입니다.**

🖐 관련 법령 등

「상속세 및 증여세법」 제53조의2

보도 참고 자료(국세청, 2024.06.04. "둘째도 출산 증여재산공제를 받을 수 있나요?", 3페이지)

채권자(빌려준 자)로부터 채무면제를 받으면 채무자(빌린 자)는 그 면제받은 채무액에 대해 증여세를 내게 되는데, 채무자가 채무면제로 얻은 증여이익은 혼인·출산 증여재산공제가 적용되는 증여재산이 아니므로, 2023년에 부모님에게 빌린 돈을 2024년에 면제받기로 약정하더라도 혼인 증여재산공제가 적용되지 않습니다. 채무를 면제받는 것이 아닌 현금을 증여받은 후 채무를 상환하는 경우에 현금을 증여받는 것에 대해서는 혼인 증여재산공제 적용이 가능합니다.

02

주식 증여 후 주가가 올라서 평가금액이 생각한 것보다 높아졌습니다. 이에 따라 세금이 발생할 것 같은데 증여세를 절세할 수 있는 방법이 있을까요?

상황

성년인 A는 2025년 7월 10일에 부모 B로부터 국내상장주식 5,000주를 증여받았다. 이날의 종가는 주당 10,000원이어서 해당 주가를 기준으로 한 전체 금액은 5천만 원이 된다. 부모와 자식 간에는 5천만 원까지 증여세가 없다고 해서 일부러 이렇게 수량을 조절한 것이다. 그런데 증여받은 이후 주가가 상승하여 최종적으로 평가한 금액은 주당 12,000원을 곱한 6천만 원이 되었다. 이에 따라 공제 한도인 5천만 원을 초과하게 되어 예기치 못한 세금을 내야 하는 상황이다.

Q 상장주식 증여 후 주가가 상승해서 예기치 못한 증여세가 발생할 것 같은데, 어떻게 하면 좋을까요?

A 증여세 과세표준 신고기한인 증여일이 속한 달의 말일부터 3개월 이내에 증여받은 주식을 다시 반환하면 당초 증여는 취소됩니다. 따라서 **증여받은 주식 중 일부 수량을 반환하여 최종적으로 증여받은 금액이 공제한도 이내가 되도록 조정하면 증여세를 부담하지 않아도 됩니다.**

👆 상장주식을 증여받은 경우에는, 증여일 이후 주가에 따라 평가금액도 달라진다?

증여받은 재산이 얼마인지를 평가할 때 증여일 현재의 시가로 평가하는 것이 원칙이지만, **상장주식의 경우에는 그 특성상 특정시점의 시가로 평가하지 않고 증여일 이전·이후 각 2개월(총 4개월) 동안 공표된 거래소 최종 시세가액(종가)의 평균액으로 평가합니다.** 이에 따라 실제 증여를 받은 날의 종가가 1만 원이더라도 그 이후 2개월 동안 주가가 오른다면 그 평가액은 1만 원을 초과할 수 있습니다.

이렇게 상장주식을 증여받은 경우에는 그 증여 시점에는 정확한 평가금액을 알 수 없고, 증여 후 2개월이 지나고 나서야 비로소 정확한 평가금액을 알 수 있습니다.

👆 평가금액이 확정된 후라도 일부 수량을 반환하면 증여금액을 줄일 수 있다?

재산(금전 제외)을 증여받은 후 당사자 간의 합의에 따라 증여세 신고기한[20]까지 증여자에게 반환하는 경우에는 처음부터 증여가 없었던 것으로 보고, 일부만 반환해도 그 일부분에 대한 증여는 취소됩니다. **따라서 당초 증여받았던 주식의 수량 중 일부 수량을 증여세 신고기한까지 증여자에게 반환하면 증여재산금액을 줄일 수 있습니다.**

---

20) "증여세 신고기한"이란 증여일이 속한 달의 말일부터 3개월 이내를 말함.

위의 상황에서 자녀가 부모에게 2025년 7월 중 증여받은 상장주식 5,000주를 주당 12,000원으로 평가하면 총 6,000만 원으로 계산되고, 이에 따라 공제금액인 5,000만 원을 초과한 1,000만 원에 대해서 약 10%의 증여세가 발생합니다. 이때 증여세 신고기한인 2025년 10월 말일까지 증여받은 주식 중 834주를 반환하면 증여받은 주식 수는 4,166주로 줄어들고, 이에 따라 평가금액은 약 4,999만 원(4,166주×12,000원)이 되어 공제금액인 5,000만 원 이내이므로 증여세가 발생하지 않습니다.

구분	반환 전	반환 후
증여재산가액	60,000,000원 (5,000주×@12,000원)	49,992,000원 (4,166주×@12,000원)
증여재산공제	50,000,000원	50,000,000원
과세표준	10,000,000원	-
세율	10%	-
산출세액	1,000,000원	-
신고세액공제	30,000원	-
자진납부할세액	970,000원	-

👆 관련 법령 등

「상속세 및 증여세법」 제4조 제4항, 「상속세 및 증여세법」 제63조

할아버지와 아버지에게 각각 증여받을 예정입니다. 증여받는 순서만 신경 써도 증여세를 아낄 수 있다던데 맞나요?

상황

A는 최근에 결혼식을 올리고 혼인신고도 완료했다. A는 지금까지 가족에게 증여받았던 적이 없었는데, 이번에 할아버지와 아버지가 결혼을 축하하는 의미에서 각자 2억 원 씩, 총 4억 원을 신혼살림에 보태도록 도와준다고 한다. 지인의 말로는 증여받는 순서에 따라 증여세가 달라질 수도 있다고 하는데, 이게 사실이라면 절세를 위해 어떤 순서로 받아야 할지 궁금하다.

Q 할아버지와 아버지에게 각각 증여받을 예정인데, 누구한테 먼저 증여받는 것이 절세 측면에서 유리할까요?

A 일반적으로 할아버지에게 먼저 일정금액을 증여받은 후, 아버지에게 나머지 금액을 증여받는 것이 증여세를 절세할 수 있는 방법입니다.

👆 일정금액까지는 증여를 받아도 증여세를 면제해 준다?

타인에게 증여받은 경우 그 증여금액에서 일정금액을 한도로 공제하는 것을 "증여재산공제"라고 합니다. 이때 증여자와 수증자의 관계에 따라 일정금액까지 공제해 주는 것을 "일반 증여재산공제"라고 하고, 혼인이나 출산(입양) 등 사건이 발생하면 일정금액까지 공제해 주는 것을 "혼인·출산 등 증여재산공제"라고 합니다.

먼저 ① **"일반 증여재산공제"는 증여자와 수증자의 관계에 따라 10년 동안 일정 한도까지 공제해 주는 것을 말합니다.** 증여자와 수증자의 관계가 배우자 간인 경우 6억 원, 직계존비속 관계인 경우 5천만 원 등을 공제받을 수 있는데, **이때 주의할 점은 수증자를 기준으로 "증여자 그룹별"로 해당 금액의 한도 내에서 공제할 수 있다는 점입니다.** 따라서 본인이 직계존속인 아버지로부터 이미 증여를 받아 5천만 원을 공제받았다면, 그 후 10년 이내에 할아버지로부터 증여받은 분에 대해서는 일반 증여재산공제를 적용받을 수 없습니다. 왜냐하면 10년 동안 이미 "직계존속"이라는 동일 증여자 그룹으로부터 증여를 받아 공제를 적용받았기 때문입니다.

증여자	수증자	공제금액	예시
배우자	배우자	6억 원	남편이 아내에게 증여
직계존속	직계비속	5천만 원 (다만, 수증자가 미성년자인 경우 2천만 원)	부모가 자녀에게 증여, 조부모가 손자녀에게 증여

증여자	수증자	공제금액	예시
직계비속	직계존속	5천만 원	자녀가 부모에게 증여
기타친족[21]	기타친족	1천만 원	형이 동생에게 증여, 시아버지가 며느리에게 증여

다음으로 ② "혼인·출산 등 증여재산공제"는 혼인일 전·후 2년 이내 또는 출산일(입양일) 후 2년 이내에 직계존속으로부터 증여받은 분에 대해서 1억 원을 한도로 추가 공제해 주는 것을 말합니다. 이를 종합하면 최근 10년 동안 증여를 받은 적이 없는 혼인한 자녀의 경우에는 직계존속인 부모 등으로부터 총 1억 5천만 원을 증여받더라도 증여세가 부과되지 않습니다.

같은 "증여자 그룹"에 속하는 둘 이상의 증여자로부터 증여를 받은 경우에는?

둘 이상의 증여가 그 증여시기를 달리하는 경우에는 둘 이상의 증여 중 먼저 증여받은 금액에서부터 우선 공제를 적용하고, 둘 이상의 증여가 동시에 있는 경우에는 각각의 증여받은 금액에 대하여 안분하여 공제합니다.

예를 들어서 아버지에게 먼저 증여받고, 그 후 할아버지에게 증여받은 경우 증여재산공제는 아버지에게 증여받은 금액에서 우선 공제하

---

21) "기타친족"이란 배우자 및 직계존비속을 제외한 4촌 이내 혈족 및 3촌 이내 인척을 말함.

고, 공제 후 남은 금액이 있다면 할아버지에게 증여받은 금액에서 차감하는 것입니다. 또 다른 예로 아버지와 할아버지에게 같은 날 증여받은 경우에는 증여받은 금액의 비율로 안분하여 공제금액을 적용합니다. 따라서 아버지와 할아버지로부터 같은 금액을 같은 날 증여받는다면 증여재산공제는 절반씩 적용받을 수 있는 것입니다.

👆 아버지보다 할아버지에게 증여받을 때 증여세가 더 많이 나온다?

증여받은 재산에서 증여재산공제 등을 차감한 후 남은 금액을 "증여세 과세표준"이라고 하고, 이 과세표준에 증여세율을 적용하여 증여세액을 계산합니다. 여기서 증여세율은 과세표준 구간별로 최하 10%에서 최고 50%가 적용됩니다. **그런데 수증자가 증여자의 자녀가 아닌 직계비속인 경우에는 본래 내야 할 증여세액에서 30%[22]를 할증("세대생략가산액"이라고 함)하여 증여세를 부과합니다.**

예를 들어서 자녀가 부모에게 1억 원을 증여받은 경우(증여재산공제는 없다고 가정)에는 1억 원에 대한 증여세율은 10%이므로 1,000만 원의 증여세가 발생하지만, 조부모로부터 1억 원을 증여받은 경우에는 본래 내야 할 증여세인 1,000만 원에 30%를 더한 1,300만 원의 증여세가 발생합니다.

---

22) 수증자가 증여자의 자녀가 아닌 직계비속이면서 미성년자인 경우로서, 증여재산가액이 20억 원을 초과하는 경우에는 40%를 적용함.

할아버지와 아버지에게 각각 증여받는 경우, 증여 순서만 주의해도 증여세를 절세할 수 있다?

일반적으로 할아버지에게 증여받는 경우에는 세대 생략에 따른 30%의 세금이 할증되므로, 아버지로부터 증여받는 경우보다 세 부담이 더 큽니다. **따라서 할아버지에게 증여받은 금액에서 우선적으로 증여재산공제를 적용받을 수 있도록, 할아버지에게 먼저 증여받는 것이 절세 측면에서 유리합니다.** 이는 동일한 금액을 공제받더라도, 더 높은 세율이 적용되는 금액에서 먼저 공제를 받는 것이 전체적인 세 부담을 더 크게 줄일 수 있기 때문입니다.

위의 상황에서 아버지에게 먼저 2억 원을 증여받은 후 할아버지에게 2억 원을 증여받으면 부담할 증여세가 총 4,400만 원이 됩니다. **반면에 할아버지에게 먼저 2억 원을 증여받은 후 아버지에게 2억 원을 증여받으면 부담할 증여세가 총 3,650만 원이 되어, 아버지에게 먼저 증여받은 경우에 비해 750만 원의 증여세를 절세할 수 있습니다.** 즉 같은 금액을 증여받더라도 증여받는 순서만 주의하면 세금을 절세할 수 있는 것입니다.

구분	1차 증여 아버지, 2차 증여 할아버지			1차 증여 할아버지, 2차 증여 아버지		
	아버지	할아버지	계	할아버지	아버지	계
증여금액	2억 원	2억 원	4억 원	2억 원	2억 원	4억 원
증여 재산공제	1억 5,000 만 원	–	1억 5,000 만 원	1억 5,000 만 원	–	1억 5,000 만 원

구분	1차 증여 아버지, 2차 증여 할아버지			1차 증여 할아버지, 2차 증여 아버지		
	아버지	할아버지	계	할아버지	아버지	계
일반	5,000만 원	–	5,000만 원	5,000만 원	–	5,000만 원
혼인	1억 원	–	1억 원	1억 원	–	1억 원
과세표준	5,000만 원	2억 원	2억 5,000 만 원	5,000만 원	2억	2억 5,000 만 원
세율	10%	20%	–	10%	20%	–
산출세액	500만 원	3,000만 원	3,500만 원	500만 원	3,000만 원	3,500만 원
세대 생략 가산액	–	**900만 원**	900만 원	**150만 원**	–	150만 원
총 부담 세액	500만 원	3,900만 원	4,400만 원	650만 원	3,000만 원	3,650만 원

관련 법령 등

「상속세 및 증여세법」 제47조, 「상속세 및 증여세법」 제53조, 「상속세 및 증여세법」 제53조의2, 「상속세 및 증여세법」 제57조

04

자녀가 이번에 결혼을 해서 결혼자금으로 5억 원을 지원해 주고 싶습니다. 절세하면서 지원할 수 있는 방법이 있을까요?

👆 상황

A는 결혼을 앞둔 자녀 B의 신혼집 전세자금 5억 원을 지원해 주고 싶다. 주변 지인들을 통해 알아본 바, 지금까지 자녀에게 증여한 적이 없다면 최대 1억 5천만 원까지는 증여세가 없지만 그걸 초과하는 부분에 대해서는 꽤 많은 증여세를 내야 한다고 들었다. 세금을 최대한 적게 내면서 결혼자금을 지원할 수 있는 방법이 있을지 궁금하다.

Q 자녀에게 결혼자금 5억 원을 지원하면서 최대한 증여세를 절세할 수 있는 방법이 있을까요?

A **수증자를 분산해서 증여**하거나, **금전대여거래를 활용**하는 등의 방법으로 절세가 가능합니다.

👆 같은 금액을 증여하더라도, 수증자가 여러 명이면 증여세는 줄어든다?

증여세는 증여받은 금액이 크면 클수록 높은 누진세율이 적용되어

세 부담이 커지게 됩니다. 예를 들어서 증여세 과세표준이 1억 원이면 10%의 세율이 적용되지만, 증여세 과세표준이 3억 원이라면 1억 원까지는 10%, 1억 원을 초과한 나머지 2억 원에 대해서는 20%가 적용됩니다. 이와 같이 증여세 과세표준이 일정 구간을 넘어서면 적용 세율 자체가 증가합니다.

하지만 증여세는 "수증자"를 기준으로, 그 수증자가 증여받은 금액에 대하여 부과되기 때문에 같은 금액을 증여하더라도 수증자가 여러 명이라면 각각 낮은 누진세율이 적용되어 총 세금은 줄어들 수 있습니다.

예를 들어서 부모가 자녀 1인에게 2억 원을 증여하는 경우에는 약 3,000만 원의 증여세가 부과되지만, 자녀 2인에게 각각 1억 원씩 나눠서 증여하는 경우에는 각자 약 1,000만 원의 증여세가 부과되어 총 2,000만 원의 증여세가 부과됩니다.

금전을 대여하면 증여세가 부과되지 않는다?

"증여"란 타인에게 무상으로 재산 등을 이전하는 것을 말하기 때문에 **"금전대여거래"를 통해 자금을 빌린 경우 이는 "증여"가 아니므로 증여세가 부과되지 않습니다.** 따라서 결혼자금을 지원할 때 금전을 증여하는 것이 아니라 대여해 주는 방법을 활용할 수도 있습니다.

다만, 이 경우 유의해야 할 점은 해당 거래가 "증여"가 아니라 "금전

대여거래"로 인정되어야 한다는 것입니다. 가족 간의 금전대여 거래에 대해서는 원칙적으로 증여로 추정되기 때문에, 과세관청에게 해당 거래는 "증여"가 아니라 "금전대여거래"라는 점을 설득할 수 있어야 합니다.

실무적으로 해당 거래가 "증여"인지 "금전대여거래"인지를 판단하는 것이 쉽지는 않지만, 기본적으로 "금전대여거래"로 인정받기 위해서는 ① 차용증을 작성하고, 해당 차용증의 공신력을 얻기 위한 절차(공증, 내용증명 등)를 이행해야 합니다. ② 또한 차용증 내용대로 실제 원금을 상환하고 이자를 지급해야 합니다. 이렇게 서류를 갖춰놓지 않으면 증여로 보아 증여세가 부과될 수 있으니 세심한 주의가 필요합니다.

👆 수증자를 분산해서 결혼자금을 증여하면 절세할 수 있다?

혼인한 자녀의 증여재산공제를 최대한 활용하면서 수증자를 분산하는 방법으로 증여세를 절세할 수 있습니다. 즉 증여금액 전부를 자녀 1인에게 전부 증여하는 경우보다, 증여금액을 자녀와 자녀의 배우자(며느리, 사위)에게 적절히 나눠서 증여한다면 각자 낮은 세율을 적용받아 증여세가 낮아질 수 있습니다. 또한 자녀의 배우자(며느리, 사위)에게 증여할 경우에는 기타친족 관계에서 증여하는 것이므로 1천만 원의 증여재산공제도 적용받을 수 있습니다.

이를 적용해 보면 결혼하는 자녀에게 5억 원 전부를 단독으로 증여할 경우에는 부담해야 할 증여세가 약 5,820만 원 정도 되지만 자녀에게 3억 9,000만 원, 자녀의 배우자에게 1억 1,000만 원을 나눠서 증여할 경우 약 4,656만 원의 증여세를 부담하면 되기 때문에 대략 1,200만 원의 증여세를 절감할 수 있습니다.

구분	단독 증여	분산 증여		
	자녀	자녀	배우자	계
증여금액	5억 원	3억 9,000만 원	1억 1,000만 원	5억 원
증여재산공제	1억 5,000만 원	1억 5,000만 원	1,000만 원	1억 6,000만 원
일반	5,000만 원	5,000만 원	1,000만 원	6,000만 원
혼인	1억 원	1억 원	–	1억 원
과세표준	3억 5,000만 원	2억 4,000만 원	1억 원	3억 4,000만 원
세율	20%	20%	10%	–
산출세액	6,000만 원	3,800만 원	1,000만 원	4,800만 원
신고세액공제	180만 원	114만 원	30만 원	144만 원
총부담세액	5,820만 원	3,686만 원	970만 원	4,656만 원

🖐 일부 금액을 대여할 경우 증여세 절감효과가 커진다?

증여세가 발생하지 않는 금액까지는 무상으로 대여하고, 나머지 금액을 증여함으로써 당장의 증여세를 최소화할 수도 있습니다. 원칙적으로 금전을 무상으로 대여받은 자는 연 4.6%에 해당하는 이자상당액만큼 무상이익을 얻은 것으로 보아 증여세가 부과되지만, 그 이자상당액이 1천만 원 미만인 경우에는 증여세를 부과하지 않습니다. 따라서 2억 원을 무상으로 대여받는 경우 이에 해당하는 이자상당액이 920만 원(2억 원×4.6%)이므로 1천만 원 미만이기 때문에 증여세가 부과되지 않습니다.

이를 활용하여 2억 원은 무상으로 대여하고 나머지 3억 원을 자녀에게 단독으로 증여하면 증여세액은 약 1,940만 원이 됩니다. 따라서 자녀에게 5억 원을 단독으로 증여한 경우에 비해서 약 3,880만 원의 절세 효과를 얻을 수 있는 것입니다.

구분	단독 증여	단독 증여와 대여 거래		
	자녀	자녀	대여거래	계
증여금액	5억 원	3억 원		3억 원
증여재산공제	1억 5,000만 원	1억 5,000만 원		1억 5,000만 원
일반	5,000만 원	5,000만 원		5,000만 원
혼인	1억 원	1억 원		1억 원
과세표준	3억 5,000만 원	1억 5,000만 원	2억 원 무상대여, 증여세 없음	1억 5,000만 원
세율	20%	20%		–
산출세액	6,000만 원	2,000만 원		2,000만 원
신고세액공제	180만 원	60만 원		60만 원
총부담세액	5,820만 원	1,940만 원		1,940만 원

수증자를 분산하고 일부 금액은 대여할 경우에는?

수증자를 분산하는 방법과 무상대여의 방법을 둘 다 사용하면 더 많은 증여세의 절감 효과를 얻을 수 있습니다. 즉 증여세가 부과되지 않는 금액까지는 무상대여하고, 나머지 금액은 자녀와 자녀의 배우자에게 나눠서 증여하면 추가적인 증여재산공제(1천만 원)와 낮은 누진세율을 적용받아 더 많은 절세가 가능합니다.

이에 따라 2억 원은 무상으로 대여하고 나머지 3억 원 중 1억 9,000만 원은 자녀에게, 1억 1,000만 원은 자녀의 배우자에게 증여할 경우 증여세는 약 1,358만 원이 발생합니다. 이 경우 자녀에게 5억 원을 단독으로 증여했을 때와 비교하면 약 4,462만 원의 증여세 절감효과를 얻을 수 있습니다.

구분	단독 증여	분산 증여와 대여 거래			
	자녀	자녀	배우자	대여거래	계
증여금액	5억 원	1억 9,000만 원	1억 1,000만 원		3억 원
증여재산공제	1억 5,000만 원	1억 5,000만 원	1,000만 원		1억 6,000만 원
일반	5,000만 원	5,000만 원	1,000만 원		6,000만 원
혼인	1억 원	1억 원	–		1억 원
과세표준	3억 5,000만 원	4,000만 원	1억 원	2억 원 무상대여, 증여세 없음	1억 4,000만 원
세율	20%	10%	10%		–
산출세액	6,000만 원	400만 원	1,000만 원		1,400만 원
신고세액공제	180만 원	12만 원	30만 원		42만 원
총부담세액	5,820만 원	388만 원	970만 원		1,358만 원

🖱 세금 없이 간접적으로 결혼자금을 지원할 수 있는 또 다른 방법은?

신혼부부가 사용할 혼수용품으로서 통상 필요하다고 인정되는 금품을 증여하는 경우에는 증여세가 과세되지 않습니다. 여기서 통상 필요하다고 인정되는 금품이란 일상생활에 필요한 가사용품에 한하고, 호화·사치용품이나 주택·차량 등은 포함되지 않습니다. 따라서 신혼생활을 위해 필요한 가전이나 가구 등을 부모가 대신 구매해 줘도 증여세가 비과세되는 것입니다.

이렇게 혼수용품을 대신 구매해 주는 것은 금전을 직접 증여하는 것은 아니지만, 자녀가 본래 지출했어야 할 비용을 줄여주는 것이므로 실질적인 증여의 효과를 얻을 수 있는 방법입니다.

🖱 관련 법령 등

「상속세 및 증여세법」 제4조의2, 「상속세 및 증여세법」 제46조, 「상속세 및 증여세법」 제53조, 「상속세 및 증여세법」 제53조의2

재삼 46014-320, 1999.02.19.

회신 소비대차계약에 의하여 자녀가 아버지로부터 자금을 일시 차입하여 사용하고 이를 변제한 경우, 그 사실이 채무부담계약서, 이자지급사실, 담보제공 및 금융거래내용 등에 의하여 확인되는 경우에는 당해 차입금에 대하여 증여세가 과세되지 아니하는 것이나, 이에 해당되는지 여부는 소관세무서장이 구체적인 사실을 조사하여 판단하는 것임.

05

세금 없이 창업자금을 지원할 수 있는 방법이 있을까요?

👆 상황

A는 한식을 전문으로 하는 음식점을 창업할 계획이다. A의 부모인 B는 창업자금으로 사용할 금전을 증여할 생각인데, 증여세가 많이 발생할 것 같아 걱정이다. 이렇게 창업하는 자녀를 지원할 때 증여세를 절세할 수 있는 방법이 있는지 궁금하다.

Q 창업을 준비하는 자녀에게 증여세를 절세하면서 지원할 수 있는 방법이 있나요?

A "창업자금에 대한 증여세 과세특례"를 활용하면 5억 원까지는 증여세 없이 지원할 수 있습니다.

👆 창업자금에 대해서는 5억 까지 세금 없이 지원이 가능하다?

18세 이상인 거주자가 60세 이상의 부모로부터 중소기업을 창업할 목적으로 금전 등을 증여받는 경우에는 5억 원을 공제하고 5억 원을 초과하는 금액에 대해서는 10%의 세율로 증여세를 부과합니다. 이를 "창업자금에 대한 증여세 과세특례"라고 하는데, 이는 창업목적으로 사용할 금전에 대해 세제혜택을 부여함으로써 국가적인 차원에서 창업을 장려하고 경기활성화를 도모하기 위함입니다.

여기서 "창업"이란 세법 규정에 따라 사업자등록을 하는 것을 말하며, 이러한 창업자금은 그 창업과 관련한 사업용 자산을 취득하거나 사업장의 임차보증금 및 임차료를 지급할 때 사용해야 합니다. 따라서 요건을 갖춰 창업자금을 증여받으면 5억 원까지는 증여세 없이 지원받을 수 있습니다.

👆 아무 업종이나 창업해도 세제혜택을 받을 수 있다?

증여세 과세특례를 적용받기 위해서는 창업하는 업종이 세법에서 정한 업종[23])에 해당해야 합니다. 대표적으로 과세특례가 적용되는 업종으로는 **음식점, 치킨 전문점, 빵집, 미용실, 세차장, 제조업 등**이 있습니다. **반면 커피전문점, 주점, 병원, 일반 교과학원 등은 과세특례를 적용받을 수 없는 업종**이므로 유의해야 합니다.

👆 이미 창업한 후에 창업자금을 지원받으면?

중소기업을 창업한 후에 증여받은 자금에 대해서는 창업자금에 대한

---

23) "세법에서 정한 업종"이란 「조세특례제한법」 제6조 제3항에서 열거하는 업종을 말하며, 대표적으로 제조업, 음식점업 등이 해당함.

증여세 과세특례를 적용받을 수 없습니다. 해당 과세특례의 취지가 창업을 장려하기 위한 목적이므로, 이미 창업한 이후라면 세제혜택을 부여할 필요가 없다고 보기 때문입니다. 따라서 창업자금에 대한 세제혜택을 받을 계획이라면 사업자등록 이후가 아닌 사업자등록 전에 창업자금을 증여해야 한다는 점을 기억해야 합니다.

👆 창업자금을 증여받아 과세특례를 적용받은 이후에는 사후관리가 중요하다?

"창업자금에 대한 증여세 과세특례"는 신규 창업을 지원하는데 그 목적이 있으므로 득례를 적용받고 난 후 엄격한 사후관리가 필요합니다. **먼저, 증여받은 자녀는 증여받은 날부터 2년 이내에 창업을 해야 합니다.** 또한 **증여받은 날부터 4년 이내에 증여받은 창업자금을 창업 목적(사업용 자산의 구입, 임대보증금 또는 임차료의 지급)에 사용해야 합니다.** 만약 특례를 적용받았음에도 불구하고 창업을 하지 않거나, 창업목적으로 자금을 사용하지 않는 경우에는 세제혜택은 취소되어 증여세가 부과될 수 있습니다.

이외에도 **창업 후 10년 이내에 해당 사업을 폐업(사업부진을 이유로 한 경우에는 제외)하거나 휴업**하는 경우에도 본래 세제혜택은 취소되는 등 여러 가지 사후관리 요건들이 있으니 이를 위반하지 않도록 세심한 관리가 필요합니다.

「조세특례제한법」 제30조의5, 「조세특례제한법 시행령」 제27조의5

재산세과-446, 2012.12.10.

요약 중소기업을 창업(개인사업자로 납세지 관할 세무서장에게 사업자 등록하는 것을 말함)한 후에 60세 이상의 부모로부터 증여받은 자금에 대해서는 그 자금을 사업에 필요한 기계장치의 취득자금으로 사용하였다 하더라도 창업자금에 대한 증여세 과세특례를 적용하지 아니함.

법규재산 2011-118, 2011.04.05.

회신 부동산임대업자가 자기의 임대건물 지하층에서 부(父)로부터 증여받은 자금으로 본인이 직접 음식점업을 영위하는 경우 해당 음식점은 "창업자금에 대한 증여세 과세특례" 규정이 적용되지 아니함.
(* 부동산 임대업자가 자기의 임대건물 내에서 음식점업을 추가로 영위하는 경우, 다른 업종을 추가하는 등 새로운 사업을 최초로 개시하는 것으로 보기 어려워서 특례 적용이 불가하다는 취지)

재산세과-103, 2012.03.12.

회신 18세 이상인 거주자가 창업을 목적으로 60세 이상의 부모로부터 증여받은 창업자금을 해당 거주자가 발기인이 되어 설립한 법인에 출자하여 해당 목적에 사용한 경우에는 창업자금에 대한 증여세 과세특례를 적용받을 수 있는 것이며, 창업자금을 증여받아 창업을 한 자가 새로 창업자금을 증여받아 정해진 기한 내에 당초 창업한 사업과 관련하여 사용하는 경우에도 동 특례규정이 적용되는 것임.

06 여러 종류의 재산 중에서 어떤 재산을 먼저 증여할지 고민하고 있습니다. 절세 측면에서의 의사결정을 할 때 어떤 사항을 고려해야 할까요?

상황

A는 2개의 상가(B, C)를 보유하고 있고, 둘 다 타인에게 임대해 주고 있다. 그중 상가 B는 서울 내 대규모 상권이 조성되어 있는 곳에 위치해 있어서 지금까지 공실 없이 계속 임대 중이며 월세를 많이 받고 있지만, 나머지 상가 C는 지방 소규모 도시에 위치해 있어 장기간 공실이었던 적도 있고 비교적 임대료가 저렴하다. 상가 전부를 한 번에 증여하려니 증여세가 부담돼서 둘 중 하나의 상가만 먼저 증여하려고 하는데 어떤 상가를 먼저 증여해야 할지 고민이다.

Q 제가 소유한 여러 재산 중 몇 개만 먼저 증여하려고 합니다. 이때 증여의 우선순위를 정한다면 어떤 점을 고려해야 할까요?

A 해당 재산의 수익성을 고려해야 합니다. 일반적으로 **수익성이 높은 재산을 우선적으로 증여하는 것**이 향후 발생할 상속세와 증여세 부담을 고려했을 때 절세측면에서 유리합니다.

👆 증여세는 "증여 당시"의 가액을 기준으로 부과된다?

증여세는 증여받은 재산의 가액이 얼마인지에 따라 세금의 규모가 결정되는데, 그 재산의 가액은 "증여일 현재"의 시가로 평가합니다. **따라서 동일한 재산을 증여받더라도 "언제 증여받았는지"에 따라 시가는 달라질 수 있고, 이에 따라 증여세 부담도 달라집니다.**

예를 들어서 어떤 부동산의 현재 시가가 5억 원이고 5년 후 시가는 10억 원으로 예상될 경우, 지금 증여를 받으면 5억 원을 기준으로 증여세가 부과되는 것이며 이후 재산가치가 상승하더라도 그 증가분에 대해서는 추가 증여세가 부과되지 않습니다.

👆 수익성이 높은 재산부터 먼저 증여하는 것이 유리하다?

증여세는 증여받은 금액이 클수록 높은 누진세율이 적용되기 때문에 한 번에 여러 재산을 증여받을 경우에는 증여세가 크게 증가하는 특징이 있습니다. 따라서 한 번에 여러 재산을 증여하는 것보다는 우선순위를 정하여 순차적으로 증여하는 것이 절세측면에서 유리합니다.

이때 미래 가치가 높은 재산을 우선적으로 증여하는 것이 향후 상속과 증여를 고려했을 때 유리한 결과를 얻을 수 있습니다. 즉, 향후 재산가치가 크게 상승하여 시세차익이 많이 발생할 것이 기대되는 재산이나 임대료·배당금 등 지속적으로 현금흐름을 창출할 것으로 예상되는 재산부터 우선적으로 증여하는 것이 효과적입니다.

✋ 수익성이 높은 재산을 우선적으로 증여해야 하는 이유는?

수익성이 높은 재산은 그렇지 않은 재산보다 현재 시가가 높아 당장 증여세 부담은 클 수 있습니다. 위의 상황과 같이 상가 B는 월세를 많이 받을 수 있는 도심의 대규모 상권에 위치해 있고, 상가 C는 지방 소규모 도시의 외곽지역에 위치해 있다면 수익성이 좋은 상가 B의 시가가 상가 C의 시가보다 더 높을 것입니다. **하지만 당장 증여세는 더 부담하더라도 미래에 발생할 세금 등을 고려해 본다면 상가 B를 우선 증여하는 것이 유리할 수 있습니다.**

왜냐하면 수익성이 높은 재산일수록 향후 가치 상승 폭이 더 클 것이라고 예상할 수 있고, 이러한 고수익 재산을 미리 증여함으로써 향후 발생할 가치 상승 폭에 대한 세금을 절세할 수 있기 때문입니다. 즉, 미래에 크게 가치가 상승할 재산을 미리 증여하면 절세할 수 있는 가치 상승금액도 크기 때문에 그 효과가 더 커지는 것입니다.

위의 상황에서 상가 B의 현재 시가는 10억 원, 10년 후의 시가는 20억 원으로 10억 원만큼 가치가 상승한다고 가정하고, 상가 C의 현재 시가는 5억 원, 10년 후의 시가는 8억 원으로 3억 원만큼 가치가 상승한다고 가정해 보겠습니다. ① **만약 수익성이 낮은 상가 C를 먼저 증여한다면** 현재는 5억 원을 기준으로 증여세가 부과됩니다. 하지만 10

년 후 상가 B를 증여받을 때는 가치 상승분이 반영된 시가 20억 원을 기준으로 증여세가 부과됩니다. **즉 상가 C를 먼저 증여함으로써 향후 가치 상승분인 3억 원만큼은 세금을 절세할 수 있지만, 상가 B의 향후 가치 상승분인 10억 원만큼은 세금이 부과되는 것입니다. ② 반면에 수익성이 높은 상가 B를 먼저 증여한다면** 현재는 10억 원을 기준으로 증여세가 부과됩니다. 하지만 10년 후 상가 C를 증여받을 때는 가치 상승분이 반영된 시가 8억 원을 기준으로 증여세가 부과됩니다. 즉 상가 B를 먼저 증여함으로써 향후 가치 상승분인 10억 원만큼 세금을 절세할 수 있고, 상가 C의 향후 가치 상승분인 3억 원만큼만 세금이 부과되는 것입니다.

따라서 고수익 재산을 미리 증여하면 당장 부과될 증여세는 많을 수 있으나, 그만큼 미래에 줄일 수 있는 가치 상승분이 크기 때문에 증여세 절세에 더 유리합니다.

👆 고수익 재산에서 발생할 수익의 귀속을 바꿔주면 추가적인 절세효과를 얻을 수 있다?

증여자 입장에서는 수익성 높은 재산을 보유함으로써 발생하는 현금 창출분이 본인의 금융재산이 되고, 해당 금융재산은 향후 상속이나 증여가 발생할 때 다시 세금이 부과되게 됩니다. **반면에 미리 수익성 높은 재산을 증여한다면, 해당 재산에서 발생할 현금성 자산은 증여자가 아닌 수증자에게로 귀속되므로 이에 대해서는 향후 추가적인 상속·증여세 등이 발생하지 않습니다.** 즉, 증여를 통해 재산에서 발생할 수익의 귀속을 증여자에서 수증자로 바꿔줌으로써 향후 상속·증여 단계에서 발생할 증여세 등을 절세할 수 있는 것입니다.

예를 들어서 증여자가 계속 상가를 보유하면 그 상가에서 발생한 월세수입 등에 대해서 소득세가 1차로 부과되고, 향후 그 월세수입으로 형성된 금융재산 등이 상속·증여될 때 상속세 및 증여세가 2차로 부과됩니다. 하지만 수증자가 해당 상가를 증여받을 경우 증여 이후 발생하는 월세수입 등에 대해서 수증자가 소득세만 낸다면 상속세나 증여세가 2차로 부과되지 않는 것입니다.

👆 고수익 재산을 증여하면 수증자의 자산증식에도 도움이 된다?

또한 수익성이 높은 재산을 미리 증여받으면, 해당 재산에서 발생하는 현금 등을 본인의 자산 증식 재원으로 활용할 수 있습니다. 즉 고수익 재산에서 창출되는 많은 현금을 재산증식에 빨리 활용할 수 있다는 장점도 있는 것입니다.

👆 관련 법령 등

「상속세 및 증여세법」 제4조, 「상속세 및 증여세법」 제60조

07

미리 증여해 놓으면 추후 상속세를 절감할 수 있다고 들었습니다. 그래서 10년 단위로 증여세를 안내도 되는 공제 범위까지만 증여하려고 하는데, 이보다 더 좋은 방법도 있을까요?

상황

A는 현재 만 60세이고 본인이 거주하고 있는 시가 10억 원 상당의 아파트 1채와 10억 원의 예금 등 금융자산을 보유하고 있다. 배우자와는 오래전에 사별한 상황이고 자녀는 1명이 있는데 지인의 말에 따르면 배우자가 없는 사람이 사망했을 때 상속세가 굉장히 많이 나온다고 해서 걱정이다. 아직 상속까지는 먼 미래의 일이지만 미리 대비해서 나쁠 것은 없을 것 같아서 우선 자녀한테 증여세가 없는 범위까지만 증여할 생각이다.

Q 추후 상속을 대비해서 미리 자녀들에게 증여하려는데, 증여세가 없는 범위까지만 해도 되겠죠?

A 증여재산공제 범위 내에서 미리 증여해 두면 당장의 증여세가 없고 추후 상속재산도 줄일 수 있어서 상속세 절감에도 도움이 됩니다. **이때 보유재산의 규모에 따라 다르지만, 당장 증여세를 내더라도 한 번에 큰 금액을 증여하는 것이 추후 상속재산을 크게 줄여서 절세에 더 도움이 되는 경우도 있습니다.**

👆 상속세와 증여세는 동일한 세율이 적용된다?

상속과 증여는 재산이 무상으로 이전된다는 점에서 동일하고, **이렇게 무상 이전되는 상속재산과 증여재산에 대해서 적용되는 세율은 동일합니다.**

현행 상속·증여세율은 총 5단계 초과누진세율구조로 되어 있고, 구체적으로 과세표준 1억 원까지는 10%, 5억 원까지는 20%, 10억 원까지는 30%, 30억 원까지는 40%, 30억 원을 초과하는 금액에 대해서는 50%의 세율이 적용됩니다.

예를 들어서 상속으로 인한 과세표준이 30억 원인 상황에서 추가로 상속재산이 10억 원 증가하면 이에 따라 증가하는 세금은 5억 원(10억 원×50%)이고, 증여로 인한 과세표준이 30억 원인 상황에서 추가로 증여재산이 10억 원 증가하면 세금은 동일하게 5억 원(10억 원×50%)이 증가하는 것입니다.

👆 상속세를 부과할 때에도 10년 동안 증여받은 금액을 합산한다?

동일인(증여자가 직계존속인 경우 그 배우자를 포함)에게 10년 동안 여러 번 증여받은 경우에는, 증여세를 계산할 때 10년 동안 증여받았던 금액을 합산하여 증여세율을 적용합니다. 예를 들어서 아버지가 아들에게 5년 전에 5억 원을 증여했고, 이번에 다시 10억 원을 증여할 경우 이번에 증여받은 금액에 대한 증여세를 계산할 때 10억 원을 기준으로 하는 것이 아니라 15억 원을 기준으로 세율을 적용한 후 과거에 냈던 증여세를 차감하는 것입니다.

그런데 상속의 경우에도 10년(또는 5년) 동안 증여받은 금액을 합산하여 상속세를 계산하는 경우가 있습니다. ① 상속개시일(사망일) 전 10년 이내에 피상속인(사망한 사람을 말함)이 상속인에게 증여한 재산가액과 ② 상속개시일 전 5년 이내에 피상속인이 상속인이 아닌 자에게 증여한 재산가액은 상속세를 계산할 때 상속세 과세가액에 합산하여 상속세를 부과합니다.

즉 과거에 증여한 재산은 상속개시일 현재 피상속인 본인의 재산이 아니기 때문에 진정한 상속재산은 아니지만, **10년(상속인이 아닌 자에게 증여한 경우에는 5년) 이내 증여했던 금액을 마치 상속 당시에도 보유한 재산으로 보아 상속세를 부과하고 이미 냈던 증여세는 차감하여 정산**하는 것입니다. 이는 피상속인이 사망 직전에 상속세의 과세대상이 될 재산을 상속인 등에게 분산 증여하여 고율의 상속세율 적용을 회피하려는 행위를 방지하는데 그 취지가 있습니다.

🤚 증여재산공제 범위 내에서 미리 증여해 두면 증여세도 없고 상속세도 절감할 수 있다?

상속이 개시되기 10년 전부터 미리 재산을 증여하면 추후 상속이 개시되더라도, 해당 증여 시점부터 10년이 지났기 때문에 해당 증여금액은 상속세를 계산할 때 상속가액에 합산되지 않아 상속세를 절감할 수 있습니다. 또한 증여받은 금액에 대해서는 증여재산공제를 적용받을 수 있는데 이 공제 범위까지만 증여하면 증여세도 부과되지 않습니다. **따라서 10년 주기로 상속이 개시되기 전까지 증여재산공제 범위 내에서 미리 증여한다면 증여세도 없고 상속세도 절감할 수 있는 것입니다.**

예를 들어서 2014년에 아버지가 성인 자녀에게 5천만 원을 증여했다면 공제범위 이내의 금액이므로 증여세는 발생하지 않습니다. 이후 2025년에 아버지가 사망하여 상속이 개시된다면 과거 증여했던 5천만 원은 상속이 개시되기 10년 전에 발생한 것이므로 상속세를 부과할 때 합산하지 않습니다. 따라서 미리 증여했던 5천만 원에 대해서는 증여세와 상속세 없이 무상 이전이 가능한 것입니다.

위의 상황에서 만약 A가 20억 원을 보유한 상태에서 그대로 상속이 개시된다면 상속세로 약 4억 2,680만 원이 발생합니다. **반면에** 상속이 개시되기 20년 전에 5천만 원, 10년 전에 5천만 원을 각각 자녀에게 증여했다면 증여재산공제 범위 이내이므로 이로 인해 발생할 증여세는 없고 상속가액에 합산도 되지 않아, 최종적으로 상속세로 부과되는 재산금액은 19억 원이 되어 상속세로 약 3억 8,800만 원이 발생합니다. 결국 증여재산공제 범위까지 사전에 재산을 증여했다면 추후 약 3,880만 원(4억 2,680만 원 → 3억 8,800만 원)의 상속세를 절세할 수 있었을 것입니다.

구분	미리 증여할 경우				증여하지 않은 경우
	증여 (20년 전)	증여 (10년 전)	상속 (현재)	합계	
증여·상속 금액	5,000만 원	5,000만 원	19억 원	20억 원	20억 원
공제금액	5,000만 원	5,000만 원	5억 원[24]	6억 원	5억 원
과세표준	–	–	14억 원	14억 원	15억 원
세율	–	–	40%	–	40%
납부세금			3억 8,800만 원	3억 8,800만 원	4억 2,680만 원

👆 당장은 증여세를 내더라도 많은 금액을 증여하는 것이 더 나을 수도 있다?

여기서 더 나아가, 상속이 개시되기 10년 전부터 미리 증여하되 한 번에 많은 금액을 증여함으로써 추후 발생할 상속세를 더 많이 절감할 수도 있습니다. **즉 많은 재산을 미리 증여하면 지금 당장은 증여세가 발생하겠지만, 그만큼 추후 상속재산가액을 크게 줄여 상속세를 더 절감할 수도 있습니다.**

예를 들어서 2014년에 아버지가 성인 자녀에게 5억 원을 증여했다면 공제범위(5천만 원)를 초과하기 때문에 20% 정도의 증여세가 발생합니다. 이후 2025년에 아버지가 사망하여 상속이 개시된다면 과거 증여했던 5억 원은 상속이 개시되기 10년 전에 발생한 것이므로 상속세를 부과할 때 합산하지 않습니다. 만약 상속개시 당시의 상속재산만

---

24) 일괄공제 5억 원만 적용. 나머지는 없다고 가정함.

으로도 이미 30% 이상의 높은 상속세율이 적용되는 상황이라면, 미리 증여했던 5억 원은 과거 20% 정도의 증여세만으로 과세가 종결되어 30% 이상의 상속세율이 적용되지 않아 결과적으로 10% 이상의 세금 절감효과를 얻을 수 있는 것입니다. **즉 동일한 금액이라도 상속으로 받았다면 누진세 구조상 더 높은 세율이 적용되었을 텐데, 증여로 받음으로써 낮은 세율만 적용되어 그 세율의 차이만큼 절세 효과가 발생하는 것입니다.**

위의 상황에서 만약 A가 20억 원을 보유한 상태에서 그대로 상속이 개시된다면 상속세로 약 4억 2,680만 원이 발생합니다. 반면에 상속이 개시되기 20년 전에 5억 원, 10년 전에 5억 원을 각각 자녀에게 증여했다면 증여세가 약 20%인 1억 5,520만 원(7,760만 원×2회) 정도 발생하지만 해당 금액은 상속가액에 합산되지 않아, 최종적으로 상속세로 부과되는 재산금액은 10억 원이 되어 상속세로 약 8,730만 원이 발생합니다. 이에 따라 총 부담할 세금 합계는 약 2억 4,250만 원(증여세 1억 5,520만 원+상속세 8,730만 원)이 됩니다. 결국 사전에 많은 금액을 증여했다면 추후 약 1억 8,430만 원(4억 2,680만 원 → 2억 4,250만 원)의 상속세를 절세할 수 있었을 것입니다.

구분	미리 증여할 경우				증여하지 않은 경우
	증여 (20년 전)	증여 (10년 전)	상속 (현재)	합계	
증여·상속 금액	5억 원	5억 원	10억 원	20억 원	20억 원
공제금액	5,000만 원	5,000만 원	5억 원[25]	6억 원	5억 원
과세표준	4억 5,000만 원	4억 5,000만 원	5억 원	14억 원	15억 원
세율	20%	20%	20%	-	40%
납부세금	7,760만 원	7,760만 원	8,730만 원	2억 4,250만 원	4억 2,680만 원

🖐 관련 법령 등

「상속세 및 증여세법」 제13조 제1항, 「상속세 및 증여세법」 제47조 제2항, 「상속세 및 증여세법」 제53조, 「상속세 및 증여세법」 제53조의 2, 「상속세 및 증여세법」 제56조

---

25) 일괄공제 5억 원만 적용. 나머지는 없다고 가정

"비거주자"가 증여받는 경우 증여재산공제가 적용되지 않아 증여세가 많이 나온다고 알고 있습니다. 하지만 증여자가 세금을 대신 내주면 절세할 수 있다고 하던데, 이 말이 사실인가요?

상황

A는 오래 전 해외로 이주해 살고 있고 국내에 보유한 재산은 없다. 최근 국내에 거주하는 부모님이 부동산을 증여해 준다고 했는데, 비거주자는 증여재산공제를 적용받을 수 없어 증여세가 많이 나온다고 들었다. 게다가 증여세는 반드시 현금으로 내야 한다는데, 당장 세금을 낼 만큼의 현금을 갖고 있지도 않다. 그래서 부모님에게 세금도 대신 내달라고 할 생각인데, 이렇게 대신 내준 세금도 증여로 간주되어 추가 세금이 부과된다는 이야기를 들었다.

"비거주자"는 증여재산공제를 적용받을 수 없다?

"거주자"인 수증자가 증여받은 금액에 대해서는 증여자와 수증자의 관계에 따라 정해진 금액을 한도로 "일반 증여재산공제"를 적용받을 수 있고, 혼인이나 출산(또는 입양)이라는 특정한 사건이 발생한 경우 추가로 "혼인·출산 등 증여재산공제"도 적용받을 수 있습니다. **하지만 수증자가 거주자가 아닌 "비거주자"[26]인 경우에는 이러한 증여재산공제를 적용받을 수 없습니다.** 비거주자는 원칙적으로 국내 재산을 증여받는 경우에만 제한적으로 증여세가 과세되므로, 국내·외 모든 재산에 대해 증여세가 과세되는 거주자와 동일하게 증여재산공제라는 혜택을 적용할 필요성이 상대적으로 적다고 보기 때문입니다.

---

26) "비거주자"란 거주자가 아닌 사람을 말하고, "거주자"란 국내에 주소를 두거나 183일 이상 거소(居所)를 둔 사람을 말함.

따라서 비거주자가 증여받는 경우에는 증여재산공제를 적용받을 수 없기 때문에 거주자가 증여받는 경우보다 세 부담이 큰 경우가 많습니다.

세금을 대신 내주면 또다시 증여세가 부과된다?

증여세는 수증자가 납부하는 것이 원칙이므로, 증여자 등 타인이 대신 납부할 경우에는 해당 대납액을 현금증여로 보아 추가 증여세가 발생합니다. 예를 들어서 부동산을 증여받아 10억 원의 증여세가 발생했고 해당 증여세를 부모 등 타인이 대신 납부한다면, 해당 10억 원만큼 현금증여받은 것으로 보아 추가 증여세가 발생하는 것입니다.

증여물건이 상장주식 등 현금화가 용이한 자산이라면 증여받은 해당 물건을 현금화해서 증여세를 납부하면 되겠지만, 현금화가 용이하지 않은 부동산 등의 자산을 증여받은 경우에는 증여세 납부 재원을 어떻게 마련해야 할지 고민이 필요합니다.

수증자가 "비거주자"라면 증여자가 대신 세금을 내줘도 괜찮다?

만약 수증자가 "비거주자"라면 증여자에게 해당 증여세에 대한 연대납세의무가 발생합니다. 여기서 "연대납세의무"란 일종의 연대채무로서, 여러 명의 납세의무자가 조세채무 전부를 각자 이행할 의무가 있고 납세의무자 1인의 이행으로 다른 납세의무자도 그 의무를 면하게 되는 것을 말합니다. 쉽게 말해서 증여세의 연대납세의무는 수증자와 증여자 각자가 증여세액에 대해 납부할 의무가 있고, 이 중 1인이 증여세액을 납부하면 다른 1인은 증여세액을 납부할 의무가 없어지는 것입니다.

따라서 수증자가 "비거주자"인 경우에는 증여자가 해당 증여세액을 대신 납부하더라도 이를 추가적인 현금증여로 보지 않습니다. 왜냐하면 증여자 입장에서는 세법에서 본인에게 부여한 납세의무를 적법하게 이행한 것이기 때문입니다.

👆 "연대납세의무"를 활용하면 세금 없이 현금을 증여받는 효과를 얻을 수 있다?

수증자가 "비거주자"인 경우에는 증여자가 증여세액을 대신 납부하더라도 추가적인 증여세가 발생하지 않아, 증여자가 해당 증여세액을 대신 납부함으로써 수증자에게 세금 없이 현금을 증여한 효과를 얻을 수 있습니다. **즉 증여자가 대신 증여세를 부담하면 수증자는 본인이 납부했어야 할 증여세만큼 현금자산을 아낄 수 있으므로 실질적으로 본인의 자산은 늘어나는 것입니다.**

위의 상황에서 증여받을 부동산의 시가가 20억 원이고, 수증자가 자력으로 세금을 낼 수 없어서 증여자가 대신 세금을 납부해 준다고 가정해보겠습니다. ① **만약 A가 국내에서 생활하는 "거주자"라면** 부동산 20억 원에 대한 증여세가 부과되고, 그 증여세를 증여자가 대납함으로써 또 다시 증여세가 부과됩니다. 이를 계산해보면 최종적으로 20억 원의 부동산을 증여받으면서 증여자가 대납해줘야 하는 증여세액은 약 9억 8,267만 원이 됩니다. ② **그런데 A가 해외에서 생활하는 "비거주자"라면** 부동산 20억 원을 증여받아서 발생하는 증여세를 증여자가 대납하더라도 추가적인 증여세는 부과되지 않아 최종적인 증여세는 약 6억 2,080만 원이 됩니다. 즉, 같은 20억 원을 증여받으면서 연대납세의무를 활용하면 약 3억 6,187만 원(9억 8,267만 원 → 6억 2,080만 원)의 증여세를 절세할 수 있는 것입니다. 이 경우와 같이 수증자가 "비거주자"라고 해도 항상 "거주자"인 경우보다 증여세가 많이 나오는 것은 아니고, 오히려 연대납세의무를 활용하여 증여자가 증여세를 대납해 주면 전체적인 세 부담은 훨씬 낮아질 수도 있는 것입니다.

구분		수증자가 "거주자"인 경우	수증자가 "비거주자"인 경우
증여금액	부동산	2,000,000,000원	2,000,000,000원
	현금(대납액)	982,679,738원	620,800,000원
총증여금액		2,982,679,738원[27]	2,000,000,000원[28]
증여재산공제		50,000,000원	– [29]
과세표준		2,932,679,738원	2,000,000,000원
세율		40%	40%
산출세액		1,013,071,895원	640,000,000원
신고세액공제(3%)		30,392,157원	19,200,000원
납부할 세액		982,679,738원	620,800,000원

27) 수증자가 "거주자"인 경우에는 세금대납액도 증여금액에 포함.
28) 수증자가 "비거주자"인 경우에는 세금대납액은 증여금액으로 보지 않음.
29) 수증자가 "비거주자"인 경우에는 증여재산공제를 적용하지 않음.

수증자가 증여세를 자력으로 낼 수 없을 경우에만 연대납세의무를 활용할 수 있다?

수증자가 해당 증여세를 자력으로 납부할 수 있는지 여부에 상관없이 **"비거주자"이기만 하다면, 증여자가 증여세를 대신 납부해 줘도 괜찮습니다.** 즉 비거주자인 수증자가 본래 갖고 있는 현금이 많아서 자력으로 증여세를 낼 수 있는 상황이라고 하더라도, 증여자가 연대납세의무를 활용하여 증여세를 대신 납부해 주면 추가적인 세금 없이 실질적인 현금 증여를 할 수 있는 것입니다. 따라서 증여자가 여유가 된다면 수증자의 자력 여부에 상관없이 증여세를 대신 납부하는 것이 나중에 발생할 증여세나 상속세를 줄이는데 유리합니다.

관련 법령 등

「상속세 및 증여세법」 제4조의2 제6항, 「상속세 및 증여세법」 기본통칙 36-0-1

서면-2020-법령해석재산-5328, 2021.12.10.

> **질의** 거주자가 비거주자에게 국내재산을 증여하고 세무서장으로부터 연대납세의무 통지를 받기 전에 수증자(비거주자)의 증여세를 대신 납부한 경우, 거주자가 대신 납부한 증여세가 증여재산인지 여부
>
> **회신** 거주자가 비거주자인 수증자에게 국내에 있는 재산을 증여하고 세무서장으로부터 연대납세의무 통지를 받기 전에 수증자가 납부하여야 할 증여세를 납부한 경우, 증여자가 납부한 증여세는 증여재산에 해당하지 아니하는 것임

서면인터넷방문상담4팀-1050, 2008.04.29.

 수증자가 증여일 현재 비거주자인 경우에는 수증자가 「상속세 및
증여세법」(2005.01.14. 제7335호 개정 전 법률) 제4조 제4항 각
호의 1에 해당하지 아니하는 경우에도 증여자는 수증자가 납부할
증여세에 대하여 연대하여 납부할 의무를 지는 것이며, 증여자가
연대납세의무자로서 수증자의 증여세를 대신 납부하는 경우에는
재차증여에 해당하지 않는 것임.

부록

증여세 세액계산 흐름도

👆 수증자가 "거주자"이고 일반적인 경우

	증여재산가액	국내·외 소재 모든 재산
(−)	비과세 등	사회통념상 인정되는 피부양자의 생활비, 교육비 등
(−)	채무액	증여재산에 담보된 채무인수액 등
(+)	증여재산가산액	해당 증여일 전 동일인으로부터 10년 이내에 증여받은 재산가액 (증여자가 직계존속인 경우 그 배우자도 동일인으로 본다)
=	증여세 과세가액	
(−)	일반 증여재산공제	증여자와 수증자의 관계에 따라 10년 동안 공제 가능한 금액
(−)	혼인·출산 증여재산공제	혼인·출산한 직계비속은 최대 1억 원까지 추가 공제
(−)	감정평가수수료	증여세 신고 목적의 재산 감정평가로 발생한 수수료 공제(일반적으로 500만 원 한도)
=	증여세 과세표준	
×	세율	최하 10%에서 최대 50%
=	증여세 산출세액	
(+)	세대생략할증세액	수증자가 증여자의 자녀가 아닌 직계비속이면 30%(또는 40%) 할증
(−)	세액공제 등	납부세액공제, 신고세액공제(3%) 등
(+)	가산세 등	무신고, 과소신고, 무납부, 과소납부 등
(−)	분납·연부연납세액	(분납) 2개월 이내 최대 50% 분납가능 (연부연납) 최대 5년 동안 연부연납 가능, 연부연납가산금(연 3.1%) 추가
=	자진납부할 증여세액	

👆 수증자가 "비거주자"인 경우

	증여재산가액	국내 소재 모든 재산
(−)	비과세 등	사회통념상 인정되는 피부양자의 생활비, 교육비 등
(−)	채무액	증여재산에 담보된 채무인수액 등
(+)	증여재산가산액	해당 증여일 전 동일인으로부터 10년 이내에 증여받은 재산가액 (증여자가 직계존속인 경우 그 배우자도 동일인으로 본다)
=	증여세 과세가액	
(−)	감정평가수수료	증여세 신고 목적의 재산 감정평가로 발생한 수수료 공제(일반적으로 500만 원 한도)
=	증여세 과세표준	수증자가 비거주자인 경우에는 증여재산공제를 적용하지 않음.
×	세율	최하 10%에서 최대 50%
=	증여세 산출세액	
(+)	세대생략할증세액	수증자가 증여자의 자녀가 아닌 직계비속이면 30%(또는 40%) 할증
(−)	세액공제 등	납부세액공제, 신고세액공제(3%) 등
(+)	가산세 등	무신고, 과소신고, 무납부, 과소납부 등
(−)	분납·연부연납세액	(분납) 2개월 이내 최대 50% 분납가능 (연부연납) 최대 5년 동안 연부연납 가능, 연부연납가산금(연 3.1%) 추가
=	자진납부할 증여세액	

증여재산공제 적용방법

👆 일반 증여재산공제

증여자 그룹	수증자	공제한도	예 시
배우자	배우자	6억 원	남편이 아내에게 증여
직계존속	성년인 직계비속	5천만 원	어머니가 딸에게 증여 할아버지가 손자녀에게 증여
	미성년인 직계비속	2천만 원	
직계비속	직계존속	5천만 원	자녀가 부모에게 증여
기타친족 (4촌 이내의 혈족, 3촌 이내의 인척)	기타친족 (4촌 이내의 혈족, 3촌 이내의 인척)	1천만 원	시어머니가 며느리에게 증여 삼촌이 조카에게 증여

[적용방법 ①] **"수증자별"로 일반 증여재산공제를 적용합니다.** 예를 들어서 증여자가 1인이고, 증여자의 성인 자녀 3인이 수증자인 경우에는 수증자 각자가 10년 동안 5천만 원 한도 내에서 공제받을 수 있습니다.

[적용방법 ②] **"증여자 그룹별"로 일반 증여재산공제를 적용합니다.** 예를 들어서 아버지가 성인자녀에게 5천만 원을 증여하고, 그 이후 10년 이내에 할아버지도 그 성인 자녀(손자녀)에게 5천만 원을 증여한다면, 아버지로부터 증여받은 금액에 대해서는 증여재산공제를 적용받

을 수 있지만, 그 이후에 할아버지로부터 증여받은 금액에 대해서는 증여재산공제를 적용받을 수 없습니다.

[적용방법 ③] "10년 단위"로 일반 증여재산공제를 적용합니다. 예를 들어서 현재 시점에 성인 자녀가 부모로부터 증여받은 금액에 대해서 5천만 원을 공제받았다면 10년이 지난 후 증여받는 분부터 다시 5천만 원 범위 내에서 공제받을 수 있습니다.

혼인·출산 등 증여재산공제

사유	증여자	수증자	증여시기	공제한도
혼인	직계존속	혼인한 직계비속	혼인일 전·후 2년 이내	1억 원
출산(입양)	직계존속	출산(입양)한 직계비속	출산(입양)일부터 2년 이내	1억 원

[적용방법 ①] 혼인에 따른 증여재산공제와 출산(입양)에 따른 증여재산공제는 각각 1억 원(최대 2억 원)을 공제하는 것은 아니고, 그 둘을 합쳐서 최대 1억 원까지만 공제받을 수 있습니다. 예를 들어서 혼인을 한 후 1억 원을 증여받아 혼인에 따른 증여재산공제 1억 원을 적용받았다면, 나중에 아이를 출산 한 후 추가로 1억 원을 증여받더라도 출산에 따른 증여재산공제를 적용받을 수는 없습니다.

[적용방법 ②] 동일한 사유가 여러 번 발생한다고 해도 최대 1억 원까지만 공제받을 수 있습니다. 예를 들어서 첫째를 출산하고 1억 원을

증여받아 출산에 따른 증여재산공제 1억 원을 적용 받았다면, 나중에 둘째를 출산하여 추가로 1억 원을 증여받더라도 둘째는 출산에 따른 증여재산공제를 적용받을 수는 없습니다.

🖐 일반적인 경우

과세표준	세율	누진공제액
1억 원 이하	10%	–
1억 원 초과 ~ 5억 원 이하	20%	1,000만 원
5억 원 초과 ~ 10억 원 이하	30%	6,000만 원
10억 원 초과 ~ 30억 원 이하	40%	1억 6,000만 원
30억 원 초과 시	50%	4억 6,000만 원

[적용사례 ①] 증여로 받은 재산에 대한 과세표준이 3억 원인 경우 증여세 산출세액은? 5,000만 원 (3억 원×20% − 1,000만 원)

[적용사례 ②] 증여로 받은 재산에 대한 과세표준이 20억 원인 경우 증여세 산출세액은? 6억 4,000만 원 (20억 원×40% − 1억 6,000만 원)

🖐 창업자금에 대한 증여세 과세특례를 적용받는 경우

과세표준	세율	누진공제액
창업자금 전부	10%	–

👆 가업의 승계에 대한 증여세 과세특례를 적용받는 경우

과세표준	세율	누진공제액
120억 원 이하	10%	–
120억 원 초과	20%	12억 원

  당신이 궁금해 하는 증여세의 모든 것

저자소개

■ **김영일** 세무사
- 現) 세무법인 나은 강남지점 대표 세무사
- 前) 딜로이트 안진회계법인 세무자문본부 상무
- 前) 국세청 16년 근무
- 前) 본청 감사관실, 서울지방국세청 조사4국,
  국제거래조사국 등
- 前) 삼성, 서초, 성동세무서 등 일선 세무서 조사과 등
- 卒) 서울시립대학교 세무학과, 제57회 세무사 자격 취득

■ **문정현** 세무전문위원
- 現) KB증권(주) 연금컨설팅부
- 前) KB증권(주) TAX솔루션부, WM투자자문부
- 前) 국세청 5년 근무
- 前) 서울지방국세청 조사1국, 강남세무서 재산세1과 등
- 卒) 서울시립대학교 세무학과, 제52회 세무사 자격 취득